Barbara Berckhan · Carola Krause · Ulrike Röder

Schreck laß nach!

Was Frauen gegen Redeangst und
Lampenfieber tun können

Kösel

ISBN 3-466-30336-2
© 1993 by Kösel-Verlag GmbH & Co., München
Printed in Germany. Alle Rechte vorbehalten
Druck und Bindung: Kösel, Kempten
Umschlag: Kaselow Design, München
Umschlagmotiv: Brigitte Schneider, Gauting

1 2 3 4 5 6 · 98 97 96 95 94 93

*Gedruckt auf umweltfreundlich hergestelltem Werkdruckpapier
(säurefrei und chlorfrei gebleicht)*

Inhalt

Einleitung

Das Thema »Redeangst und was sich dagegen tun läßt«
beschäftigt uns seit langem. Den Grundstein zu diesem Buch
legten verschiedene wissenschaftliche Forschungsprojekte[1]
sowie ein praxisnahes Beratungsangebot für Studentinnen
mit Redeangst[2]. Unsere unterschiedlichen Erfahrungen als
öffentlich sprechende Frau, als Seminarleiterin, Therapeu-
tin, Pädagogin und Wissenschaftlerin haben zu dem hier
vorgestellten Konzept geführt. Bei den vielen bereits durchgeführten Seminaren und Einzelberatungen haben uns die
positiven Rückmeldungen unserer Teilnehmerinnen und
Klientinnen bestätigt und uns bestärkt, unseren Weg, Redeangst und Lampenfieber abzubauen, zu veröffentlichen.

Das Thema »Redeangst – Lampenfieber – Rhetorik« ist zur
Zeit besonders populär und gleichzeitig auch ein »Dauer-
brenner« im Bereich der Erwachsenenbildung. Viele Bücher
wurden zu dieser Thematik veröffentlicht, neuerdings auch
einige, die sich speziell mit dem Thema Rhetorik und selbst-
sicheres Sprechen von Frauen auseinandersetzen. Dieses
Buch bietet eine wichtige Ergänzung, weil wir uns hier erst-
malig gezielt mit den psychischen Aspekten des öffentlichen
Sprechens, insbesondere mit der Angst und ihren Ursachen,
sowie mit den Veränderungsmöglichkeiten auseinandersetzen. Wir bieten Ihnen einen Weg an, Ihre Ängste und Unsi-
cherheiten abzubauen, anstatt sie durch rhetorische Übungen zu umgehen.

Gelassenheit, Selbstsicherheit, Überzeugungsfähigkeit und
persönliche Ausstrahlung können dann entstehen, wenn wir
im Inneren den Boden dafür bereiten. Uns selber bewußt zu
werden, läßt Selbstbewußtsein wachsen. Erst danach wird

das gezielte Training von bestimmten rhetorischen Fertig-keiten unsere Handlungsmöglichkeiten erweitern. Wie unse-re Erfahrung zeigt, führt die bewußte und entschiedene Aus-einandersetzung mit der Angst zu ihrem Abbau und einem persönlichen, kreativen und überzeugenden Sprachstil. In diesem Buch beschreiben wir, wie Frauen Redeangst und Lampenfieber erleben und wie sie sie abbauen können. Wir wenden uns an Frauen, weil Frauen immer stärker in die Öffentlichkeit treten. Dabei machen sie einerseits häufig die überwältigende Erfahrung, gestaltend und machtvoll am öf-fentlichen und beruflichen Leben teilzuhaben, andererseits stoßen sie oft auch an Grenzen. Nicht selten macht ihnen vor allem die Angst, vor einem größeren Publikum zu spre-chen, sehr zu schaffen. Vielleicht geht es Ihnen auch so?

Wir werden Ihnen zunächst einige der häufigsten Angst-Vermeidungs-Strategien aufzeigen und erläutern, warum die Angst dadurch langfristig nicht abnimmt. Unseren Schwer-punkt stellen die Methoden und Techniken dar, mit denen Sie Ihre Redeangst auch *langfristig* abbauen können. Im Zu-sammenhang damit werden wir Ihnen auch unseren theore-tischen Hintergrund darstellen, um Ihnen das praktische Vorgehen durchschaubar zu machen. Abgeschlossen wird das Buch durch eine Sammlung rhetorischen Know-hows, die Ihnen zusätzlich helfen kann, Redesituationen besser zu bewältigen. Außerdem werden wir Ihnen sowohl von Ergeb-nissen unserer Forschungsarbeiten zum Thema »Redeangst von Frauen« berichten als auch von Erkenntnissen, die wir in unseren Seminaren zu diesem Thema sammeln konnten. Wir hoffen, daß Sie sowohl von der Theorie als auch von den praktischen Übungen profitieren können und möchten Sie ermutigen, auf Ihre Angst zuzugehen und diese Stück für Stück abzubauen.

1 Was ist Redeangst?

Redeangst ist die Angst davor, öffentlich zu reden, das heißt, sich vor anderen zu Wort zu melden, eine Frage zu stellen oder eine Rede zu halten. Situationen, in denen öffentlich geredet wird, gibt es zahlreiche:

- im privaten Kreis, bei Familienfeiern und in Diskussionen unter Freundinnen
- auf Versammlungen, Vereinstreffen, in Bürgerinitiativen oder auf Elternabenden
- in beruflichen Situationen, auf Konferenzen oder Mitarbeiterbesprechungen
- in der Schule oder im Studium
- öffentliche Auftritte im Fernsehen, in Vortragssälen oder auf der Bühne

Redeangst, die auch als Sprechangst, Publikumsangst, Redehemmung oder Lampenfieber bezeichnet wird, gehört mit zu den verbreitetsten Ängsten. Viele Menschen kennen das Gefühl, nervös zu sein, wenn sie öffentlich sprechen sollen. In den USA antworteten 40,6 % der Befragten in einer repräsentativen Untersuchung, daß sie sich davor fürchten, vor einer Gruppe zu reden.[3] Aus unseren Seminaren wissen wir, daß Redeangst verschiedene Ausprägungen haben kann, vom leichten Nervös-Sein, über starke Aufregung bis hin zu einer regelrechten Panik. Das ist sowohl von Person zu Person unterschiedlich als auch von den Situationen abhängig, in denen geredet werden soll. Für die meisten gilt: Je bedeutsamer der Redeanlaß ist, je mehr also von der Bewertung des Redebeitrags abhängt – wie dies beispielsweise in Prüfungen der Fall ist –, desto größer ist die Angst. Einen weiteren Einfluß auf das

Ausmaß der Angst hat die Größe des Publikums: Vielen macht es weniger Angst, vor einer Handvoll Menschen zu sprechen als vor einer Menge von tausend ZuhörerInnen. Ebenfalls spielt das Verhältnis zum Publikum eine Rolle: Je familiärer, informeller und vertrauter die Personen sind, desto weniger ängstigend ist häufig die Situation. Hingegen ist es für die meisten schwieriger, vor Fremden, Vorgesetzten, Autoritäten oder Menschen, von deren Bewertung man abhängig ist, zu sprechen. Sehr unterschiedlich wird das Ausmaß der Angst beschrieben, wenn man den Redeinhalt genauer betrachtet. Einige berichten davon, daß es ihnen leicht fällt, persönliche Dinge von sich zu erzählen, daß sie aber ins Schleudern geraten, wenn es sich um fachliche Beiträge handelt, die sozusagen »Hand und Fuß« haben müssen. Andere fühlen sich gerade in solchen Fachvorträgen auf sicherem Boden – »Da weiß ich wovon ich rede« –, haben aber große Angst, etwas Persönliches, Emotionales zu berichten.

Wie auch immer die Redesituation aussieht, es gibt einen gemeinsamen Nenner: Redeangst ist eine Form von sozialer Angst, das heißt die Angst vor anderen Menschen. Hinter der Bezeichnung »Redeangst« stecken bei genauerer Betrachtung eine Reihe von möglichen Ängsten, die sich alle als soziale Ängste bezeichnen lassen:

Angst vor Ablehnung
Angst vor Kritik
Angst vor Versagen
Angst vor Erfolg
Angst vorm Alleinsein
Angst vor Nähe
Angst, im Mittelpunkt zu stehen
Angst, Fehler zu machen
Angst vor Autoritäten usw.

Allen diesen Ängsten gemeinsam ist die Angst, von anderen bewertet zu werden. So gehört es zu den »Horrorvorstellungen« der meisten redeängstlichen Personen, vor einem Publikum »das Gesicht zu verlieren«, ausgepfiffen, ausgelacht oder kritisiert zu werden. Die meisten Personen, die von sich sagen, daß sie Redeangst haben, kennen das Gefühl, sich selbst ständig zu bewerten und nach Bewertungen anderer Ausschau zu halten. In der Fachsprache wird dies als »erhöhte öffentliche Selbstaufmerksamkeit« bezeichnet, das heißt, daß eine Person im Kontakt mit anderen besonderen Wert darauf legt, was die anderen von ihr halten. Das führt dazu, daß diese Person mit einem hohen Maß ihrer Aufmerksamkeit dabei ist, sich selbst zu beobachten. Sie fragt sich zum Beispiel: »Wie sehe ich bloß aus?« oder »Finden die das jetzt blöd, was ich sage?« oder: »Warum grinst der da hinten so? Meint der wohl mich?« Solche Menschen fühlen sich laufend Bewertungen ausgesetzt und haben für ihre Umwelt hochsensible »Antennen« ausgebildet, um die Reaktion der anderen in ein inneres Raster einzufügen: »Komme ich an, oder komme ich nicht an? Bin ich jetzt gut? Bin ich durchgefallen?« usw. Daß diese »erhöhte öffentliche Selbstaufmerksamkeit« einen negativen Einfluß auf das Redeverhalten hat, liegt auf der Hand. Sprechen an sich ist schon ein höchst komplizierter Vorgang: Wir denken, suchen die richtigen Worte, um das Gedachte auszudrücken, sprechen sie aus und denken gleichzeitig weiter, um den logischen Anschluß zu finden, holen zwischendurch Luft, fügen spontane Einfälle hinzu oder beziehen Fragen aus dem Publikum mit ein, usw. Wenn wir gleichzeitig noch dabei sind, uns von außen zu betrachten, unseren eigenen Sätzen zuzuhören und uns durch die Augen des Publikums zu bewerten, kann es sein, daß wir tatsächlich eher aus dem Konzept kommen, den Faden verlieren oder anfangen zu stottern. So provoziert die Angst, sich beim Reden möglicherweise falsch zu verhalten, häufig genau das Gefürchtete.

Was ist nun für viele Menschen das eigentlich Bedrohliche in Redesituationen? Zum einen sind es negative Konsequenzen, die mißlungene Redebeiträge nach sich ziehen können, wie zum Beispiel eine verpatzte Prüfung oder ein schiefgelaufenes Bewerbungsgespräch. Doch die meisten Redeanlässe beinhalten keine lebensverändernden oder gar lebensbedrohlichen Gefahren. Trotzdem empfinden viele Menschen Angst. Das Ängstigende ist die Möglichkeit, daß die eignen Schwächen und Unzulänglichkeiten ans Tageslicht kommen oder die anderen uns für das, wie wir sind, ablehnen könnten. Das, was bedroht ist, ist das eigene Selbstwertgefühl, das durch die Bewertung anderer ins Wanken geraten könnte.

Haben nur Frauen diese Angst vorm öffentlichen Sprechen? Nein. Diese Angst ist geschlechtsübergreifend, auch Männer haben Redeangst. Und doch haben wir dieses Buch nicht ohne Grund für Frauen geschrieben:

Redeangst von Frauen ist besonders »hartnäckig«, sie scheint »normaler« für Frauen zu sein, denn sie paßt so gut zur traditionellen Frauenrolle. »Die Öffentlichkeit« ist ein traditionell männlicher Bereich, den Frauen ist die Privatheit, das Heim und die Familie zugeordnet; Frauen hören zu und verstehen, Männer halten Reden. Dieses klassische Bild bringt eine besondere Verschärfung für Frauen mit sich, die öffentlich reden wollen. Sie trauen sich durchschnittlich weniger zu und bekommen ebenfalls durchschnittlich weniger Aufmerksamkeit, werden häufiger unterbrochen und nehmen sich schneller zurück. Frauen gestehen sich ihre Ängste im allgemeinen mehr ein, denn Angst haben entspricht der sozialen Erwartung an Frauen. Es gibt eine Reihe von Männern, die zwar ängstliches Redeverhalten zeigen, aber sich und anderen nicht zugestehen könnten, daß sie Angst empfinden. Wie gut Redeangst zum Frausein zu passen scheint, beschreiben wir ausführlich noch in einem späteren Kapitel. Wir werden ebenfalls auf die »verschärften Bedingungen« eingehen, mit denen Frauen im Gegensatz zu Männern in Redesituationen konfrontiert werden. So ist es uns mit diesem Buch ein Anliegen, besonders Frauen darin zu unterstützen, ihre Ängste zu verstehen und abzubauen.

Wie macht sich Redeangst bemerkbar?

Redeangst kann ganz unterschiedlich fühlbar oder sichtbar werden. Aus der Erfahrung unserer Seminare wissen wir, wie verschieden Frauen ihre Angst erleben. Einige sind schon Tage vor einer anstehenden Rede aufgeregt und haben schlaflose Nächte, andere wirken bei Redebeiträgen völlig cool und gelassen, haben im Nachhinein aber das Gefühl, wie in Narkose gesprochen zu haben und sich an nichts mehr zu erinnern, wieder andere sind geübte Rednerinnen, die nach einem Vortrag wie Espenlaub zittern und kein gutes Haar an sich lassen. Viele sind so aufgeregt, daß sie es vorziehen, besser gar nichts mehr zu sagen. Redeangst wirkt sich sowohl auf den Körper als auch auf das Denken und Verhalten aus. Diese drei Ebenen wollen wir Ihnen nun etwas näher beschreiben. Wahrscheinlich werden Sie sich mit Ihrem Angsterleben mitunter wiedererkennen.

Die Auswirkungen auf den Körper

Angst ist meist mit einer deutlichen Körperreaktion verbunden: Nimmt eine Person eine Situation als gefährlich oder bedrohlich wahr, wird über das Zwischenhirn und den Sympathikusnerv diese Information an die Nebennieren weitergegeben, die blitzschnell zwei Streßhormone, Adrenalin und Noradrenalin, ausschüttet. Diese gelangen über die Blutbahn in den gesamten Organismus und dienen dazu, den Körper auf eine Überlebensreaktion einzustellen: In lebensbedrohlichen Situationen sind das die ursprünglichen Möglichkeiten, anzugreifen oder zu flüchten. Der Körper ist auf Höchstleistungen ausgerichtet, das Denken wird vorübergehend blockiert, denn langes Überlegen wäre in Gefahrensituationen hinderlich. Dafür werden die Herztätigkeit und der Stoffwechsel erhöht, der ganze Körper ist bereit, der Gefahr zu begegnen. Diese durch Hormone ausgelösten körperlichen Veränderungen bewirken all die unangenehmen Empfindungen, die in Redesituationen so hinderlich sein können: Das Herz schlägt schneller, die Finger werden feucht, die Knie fangen an zu zittern, das Gesicht wird blaß oder rot, oder es entsteht die eben beschriebene Denkblockade, es herrscht Leere im Kopf, der sogenannte »Blackout«.

Die Auswirkungen auf die Gedanken

Angst blockiert das kreative Denken, der Blackout ist das Extrembeispiel. Aber auch schon bei der Redevorbereitung kann es dazu kommen, daß uns nichts mehr einfällt, es schwer ist, sich zu konzentrieren oder etwas zu behalten. Häufig drehen sich die Gedanken im Kreis und zwar meistens eher um die befürchtete Situation als um den Redeinhalt, zum Beispiel: »Hoffentlich geht nichts schief«, »Es wäre schlimm, wenn...«, »Ich darf um Gottes Willen nicht...« Genau diese Gedanken sind es nun aber, die die Angstgefühle noch mehr verstärken – darauf gehen wir später ausführlich ein.

Die Auswirkungen auf das Verhalten

Angst läßt sich auch am Verhalten erkennen. Häufig wirkt es fahrig, hektisch und angespannt, es kommt zu unpassenden oder übertriebenen Gesten oder die Person wirkt steif und »eingefroren«, krallt sich am Tisch oder am Manuskript fest, steht unruhig oder wippt mit dem Fuß. Das Sprechtempo ist ungewöhnlich schnell oder langatmig, es fehlen Atem- oder Sprechpausen, die Sätze werden konfus oder der Faden reißt – diese Liste können Sie aus eigener Erfahrung wahrscheinlich ergänzen.

An dieser Aufzählung wird deutlich, wie stark die Angstsymptome das Sprechen beeinträchtigen können, und wie leicht es da zur »Angst vor der Angst« kommen kann. Dann sind es die Angstsymptome, die selber wieder Angst machen (»Bloß keine Angst haben, sonst komme ich durcheinander!«), und viele ziehen es vor, um diese Angst nicht zu spüren, Redesituationen lieber zu umgehen, sich zu drücken. Doch dieses Vermeidungsverhalten führt zur Verfestigung der Angst, nicht zu deren Lösung (dazu später mehr, vgl. Kapitel 3). Gleichzeitig engt sich der eigene Lebensspielraum durch Vermeidung ein und wir beschneiden uns eigener Entwicklungs- und Übungsmöglichkeiten.

2 Wie Redeangst entsteht

Nachdem wir umrissen haben, was Redeangst ist und mit welchen Anzeichen sie auftritt, geht es jetzt um die Ursachen der Angst. Die Angst, vor einem Publikum zu sprechen, aber auch andere Ängste entstehen zuallererst in unserem Kopf, durch unsere Gedanken. Genauer gesagt: Angst entsteht durch Gedanken, mit denen wir uns selbst etwas befehlen. Wir befehlen uns innerlich, in einer bestimmten Art und Weise sein zu müssen oder daß etwas Bestimmtes nicht passieren darf. Solche Gedanken, mit denen wir uns innerlich etwas befehlen, lauten ungefähr so: »Oh, Gott! Ich darf jetzt nicht rot werden!« oder: »Ich muß aufpassen, daß ich beim Reden nicht den Faden verliere!«

Diese an sich selbst gerichteten Befehle werden Imperative genannt[4]. Imperative sind Gedanken, durch die wir uns selbst Vorschriften machen. Sie sind die zentrale Ursache der Redeangst. Imperative können aber auch andere heftige Gefühle verursachen, wie zum Beispiel Wut, Verzweiflung oder depressive Verstimmungen. Wir beschränken uns hier auf den Zusammenhang zwischen Imperativen und Redeangst. Für das Wort Imperativ benutzen wir auch Begriffe wie »innere Vorschriften« oder »Befehle an sich selbst«. Wir zeigen Ihnen in diesem Buch, wie Sie Ihre Imperative erkennen und auflösen können. Dafür ist es wichtig, zunächst den theoretischen Hintergrund zu erklären, damit deutlicher wird, warum wir uns selbst etwas befehlen und wie durch diese Selbst-Befehle Redeangst und Lampenfieber entstehen.

Die Theorie der Imperative

Wenn Sie an eine bevorstehende Redesituation denken und Sie haben dabei Gedanken, wie »Ich darf mich nicht blamieren!«, »Ich muß überzeugend wirken!«, »Ich sollte nur reden, wenn ich auch hundertprozentig über eine Sache Bescheid weiß!«, machen Sie sich selbst Vorschriften. Alle diese Sätze, gleichgültig ob sie nun innerlich nur gedacht oder auch laut ausgesprochen wurden, kennzeichnen Imperative. Sie erkennen Ihre eigenen Imperative am deutlichsten an den Worten, die einen Zwang ausdrücken, wie zum Beispiel:

> »Ich muß ...!«
> »Ich sollte ...!«
> »Ich darf nicht ...!«
> »Die anderen müssen ... und dürfen nicht ...!«

(Wir stellen Ihnen im dritten Kapitel »Auf dem Weg zu mehr Gelassenheit: Der Angst begegnen« noch weitere sprachliche Erkennungsmerkmale für Imperative vor.)

Auch wenn sich der Imperativ darauf bezieht, wie sich andere verhalten sollen oder was andere nicht tun dürfen, handelt es sich um einen Befehl an sich selbst. Wenn ich mir vorschreibe »Das Publikum muß mich sympathisch finden!« oder: »Die Zuhörer dürfen mich nicht ablehnen!«, dann versuche ich nicht ernsthaft, dem Publikum zu befehlen, daß es mich sympathisch finden muß. Vielmehr versuche ich mit diesen Imperativen, die Möglichkeit, vom Publikum abgelehnt zu werden, aus meiner persönlichen Wirklichkeit zu verbannen. Es darf nicht sein, daß es dazu kommt, daß das Publikum mich ablehnt! Falls es das doch tut, wäre es schrecklich für mich und deshalb darf das auf keinen Fall passieren.

Wie wir wegschieben, was nicht sein darf

Ein Imperativ stellt den Versuch dar, das wegzuschieben und zu ignorieren, was schrecklich oder schlimm für die betreffende Person wäre. Nehmen wir einmal an, ich würde mir die Vorschrift machen:»Wenn ich eine Rede halte, dann darf ich den Faden nicht verlieren oder aus dem Konzept kommen!« Wenn es nun tatsächlich unmöglich wäre, daß ich beim Reden den Faden verliere oder aus dem Konzept komme, wäre ich fein raus. Ich könnte gegen diese Vorschrift nicht verstoßen und deshalb bräuchte ich sie im Grunde auch nicht. Tatsächlich mache ich mir aber Vorschriften, weil die Möglichkeit besteht, daß es anders kommt: Es könnte sein, daß ich den Faden verliere. Diese Möglichkeit ist in meinem Bewußtsein vorhanden und ich spüre unangenehme Gefühle, wenn ich daran denke. Um diese Gefühle nicht weiter zu erleben, versuche ich sie mit einem befehlenden»Ich darf beim Sprechen nicht den Faden verlieren!« wegzuschieben. Diese innere Vorschrift ändert aber nichts daran, daß ich doch den Faden verlieren könnte. Bei einem Wortbeitrag oder bei einer Rede aus dem Konzept zu kommen und nicht weiter zu wissen, kann passieren. Es ist eine Möglichkeit, die ich nicht zu hundert Prozent verhindern kann. Es kann mir passieren, daß ich während meiner Rede steckenbleibe – wieviele Vorschriften auch immer ich innerlich dagegen setze. Die Möglichkeit, daß ich den Faden verliere, bleibt in meinem Bewußtsein bestehen. Und wenn ich kurz daran denke, was mir gleich bei meiner Rede passieren könnte, dann fällt mir auch die Möglichkeit steckenzubleiben wieder ein. Diese Vorstellung löst unangenehme Gefühle aus, die ich dann wiederum versuche mit der Vorschrift»Ich darf beim Reden nicht den Faden verlieren!« wegzuschieben. Dennoch bleibt die Möglichkeit, daß ich doch den Faden verlieren könnte. Sie merken es schon: Die Gedanken drehen sich im Kreis.

Ein solches Kreisen der Gedanken sieht ungefähr so aus:

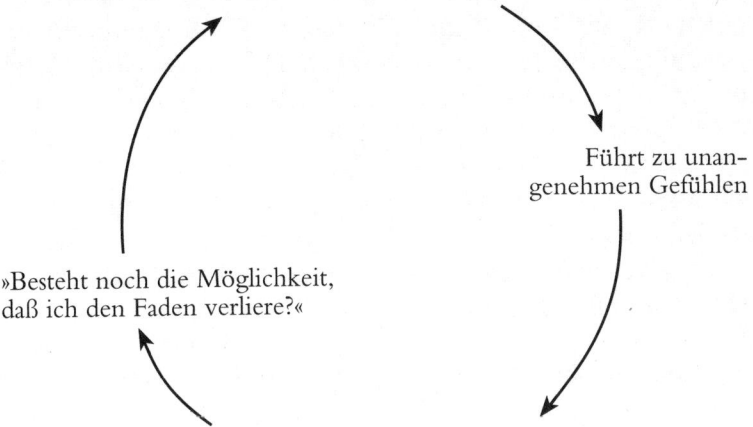

»Es könnte sein, daß ich beim Reden den Faden verliere.«

Führt zu unan-
genehmen Gefühlen

»Besteht noch die Möglichkeit,
daß ich den Faden verliere?«

Innere Vorschrift wird gebildet:
»Ich darf beim Reden nicht den Faden verlieren!«

Dieses Sich-Vorschriften-Machen kann sich auf verschiedene Bereiche unseres Seins beziehen:
— auf die eigenen Körperreaktionen (»Ich darf nicht rot werden!«)
— auf das eigene Verhalten (»Ich muß frei und fließend reden!«)
— auf die eigene Wirkung gegenüber anderen (»Ich muß sicher wirken!«)
— auf das Ereignis (»Es darf nichts schiefgehen!«)
— auf die Reaktionen anderer Menschen (»Die anderen müssen mich anerkennen!«)
Ebenso können sich unsere Imperative auf verschiedene Zeiträume beziehen. Und zwar auf
— die Zukunft (»Ich muß morgen einen guten Eindruck machen!«)
— die Gegenwart (»Ich darf mich jetzt nicht verkrampfen!«)
— die Vergangenheit (»Gestern hätte ich viel überzeugender sprechen müssen!«)

Imperative können auch nur kurze innere Anweisungen sein, mit denen wir uns anstacheln und aufputschen, wie zum Beispiel »Zusammenreißen!« oder »Nicht stottern!« Solche kurzen, antreibenden Imperative sagen wir uns innerlich, um uns in Schwung zu bringen. Beispielsweise morgens ein kurzes Aufsteh-Kommando »Los jetzt – raus aus dem Bett!« und anschließend die Anstachelung, sich zu beeilen mit einem »Mach' schneller!« Diese Form, sich zu etwas zu zwingen oder sich selbst etwas zu verbieten, mag sich zunächst harmlos und vielleicht auch ganz natürlich ausmachen. Aber mit jedem Imperativ setzen wir uns selbst unter Druck und bringen Streß in unsere Handlungen.

Lassen Sie uns noch kurz bei dem Wort Imperativ bleiben, weil dieses Wort leicht zu einem Mißverständnis führen kann. Der Begriff Imperativ als Substantiv (Hauptwort) verleitet uns dazu, einen Imperativ als ein Ding anzusehen, was man haben kann und daher auch wieder loswerden kann, wie etwa einen Schirm, den man in der Hand hat und dann in die Ecke stellt.

Ein Imperativ ist aber kein Ding, das wir im Kopf oder sonstwo im Körper haben. Es ist vielmehr ein seelischer Prozeß, den wir selbst in Gang setzen. Dieser, auf den ersten Blick kleine Unterschied hat große Auswirkungen, wenn es darum geht, Imperative abzubauen. Wenn ich glaube, daß Imperative irgendwelche Dinger sind, die ich in mir habe, dann könnte ich sie doch wegmachen, irgendwie herausnehmen oder anders loswerden. Tatsächlich haben wir keine Imperative, sondern wir tun etwas: Wir machen uns selbst Vorschriften. Es handelt sich um einen seelischen Prozeß, um etwas, was ich in diesem Augenblick tue, und nicht um etwas, was ich habe. Für den Abbau von Ängsten ist dieser Unterschied sehr wichtig, denn die Imperative können nicht abgeschnitten, wegoperiert oder irgendwie anders »vernichtet« werden. Die Redeangst wird verringert, wenn wir aufhören, uns etwas vorzuschreiben, wenn wir den Prozeß des Sich-Imperierens gar nicht erst starten.

Die Auswirkungen der Imperative

Wenn wir in unseren Seminaren diese Theorie der Imperative erklären, dann entdecken viele Frauen, wie oft sie sich innerlich etwas befehlen. Manche haben von sich sogar den Eindruck, hauptsächlich aus Imperativen zu bestehen. Damit taucht meist auch die Frage auf, ob wir diese Imperative nicht dringend brauchen würden, um unser Verhalten zu steuern und um uns selbst »am Riemen zu reißen«.

Tatsächlich können wir unserem Verhalten auch ohne Imperative eine Richtung geben. Wir können unsere Absichten als Ziele, Wünsche, Normen und Werte denken und verwirklichen. Ich kann mir wünschen, daß meine Rede glatt über die Bühne geht und ich bereite mich so vor, daß ich möglichst nicht aus dem Konzept komme. Das wäre eine Zielsetzung. Ich kann mir aber auch meine Ziele und Absichten selbst befehlen, also mir imperieren. Damit würde ich mir dann eine Art »innere Zwangsjacke« anlegen. Dann heißt es: »Die Rede muß glatt über die Bühne gehen! Ich darf nicht aus dem Konzept kommen!« Im Sich-Imperieren steckt der innere Zwang, daß es so und nicht anders sein muß. Wenn ich ein Ziel nicht erreiche, dann kann das möglicherweise unangenehm für mich sein. Hinter einem Imperativ aber steckt ein massives »Schlimm-Gefühl«, die Vorstellung einer Katastrophe. Es wäre »schlimm«, »schrecklich« oder »furchtbar«, wenn nicht das passiert, was sein muß.

Das, was wir hier als Schlimm-Gefühl bezeichnen, ist ein sehr belastendes Gefühl, das sich zusammensetzt aus
— Katastrophen-Phantasien (»Wenn ich beim Reden nicht weiter weiß, dann werden die anderen über mich lachen und niemand wird mich mehr respektieren.«)
— früheren seelischen Verletzungen (das Ausgelachtwerden vor der ganzen Schulklasse) und
— alten Erfahrungen von Ohnmacht und Hilflosigkeit (bei Herabsetzungen und Lächerlich-gemacht-Werden sich

nicht wehren zu können, und niemand ist da, der einem beisteht)

All diese verletzenden Erfahrungen und Schreckensphantasien verdichten sich innerlich zu einer Art Gefühlsklumpen, den wir als etwas diffuses »Schlimmes« oder »Schreckliches« spüren. Es ist das sehr unangenehme Gefühl, das aufflackert bei dem Gedanken daran, wie es ist, vor einem Publikum zu stehen und dann Fehler zu machen oder sich sonstwie zu blamieren.

Dieses diffuse Schlimm-Gefühl entzieht sich unseren rationalen Überlegungen. Die meisten Menschen, die unter Redeangst und Lampenfieber leiden, wissen im Kopf sehr wohl, daß ein Fehler beim Sprechen nicht wirklich eine Katastrophe für sie ist. Aber diese Erkenntnis im Kopf ändert nichts daran, daß sie es dennoch als »schrecklich« empfinden. Und genau dieses Erleben des Schrecklichen mitsamt der darin eingefalteten Katastrophen-Phantasien, alten seelischen Verwundungen und anderen schmerzhaften Erfahrungen blockieren wir mit Hilfe des Sich-Imperierens. Wir setzen ein inneres Muß oder Darf-Nicht gegen das aufflackernde Schlimm-Gefühl.

Ein weiterer Unterschied zwischen einem Ziel und einem Imperativ betrifft die Wahrnehmung und Bewertung der Realität. Imperative führen zu einem Alles-oder-nichts-Denken. Wenn ich mir selbst imperiere: »Ich darf mich nicht versprechen!«, dann führt bereits ein Versprecher dazu, daß meine innere Vorschrift verletzt wird. Und das heißt, es ist eingetroffen, was überhaupt nicht sein durfte. Die »Katastrophe« ist da und ich habe versagt. Ein Versprecher genügt, um das ganze Schlimm-Gefühl entstehen zu lassen. Und dieses Schlimm-Gefühl überzieht die gesamte Leistung. »Alles« ist schlecht gewesen, obwohl es vielleicht nur ein oder zwei Versprecher gab. Wenn ich mir lediglich das Ziel gesetzt habe, mich möglichst wenig zu versprechen, dann kann ich mein Ziel graduell erreichen, ihm Schritt für Schritt näher kommen. Ein Versprecher kann dann durchaus unangenehm für mich sein, aber es sind auch viele Sätze ohne Versprecher klar herausgekommen. Bei einem Imperativ gibt es keine Abstufungen. Es genügt ein einziger Verstoß gegen die innere Vorschrift und die Leistung wird insgesamt abgewertet.

Lassen Sie uns an dieser Stelle einmal zusammenfassen, welche Auswirkungen Imperative auf uns haben:

- *Körperliche Auswirkungen*
  Mit Imperativen setzen wir uns selbst unter Druck. Wenn wir uns eine Vorschrift machen, dann machen wir uns innerlich »Dampf«. Dadurch nimmt die Anspannung bestimmter Muskelgruppen zu, der Pulsschlag erhöht sich, es kann zu Magendrücken kommen, das Gesicht wird blaß oder rot.

- *Auswirkungen auf die Gedanken*
  Die Denkprozesse werden von der inneren Vorschrift beherrscht. Das jeweilige Muß oder Darf-Nicht wird zum zentralen Gedanken. Die Gedanken drehen sich im Kreis. Die Kreativität und die Problemlösefähigkeit sind stark herabgesetzt.

- *Emotionale Auswirkungen*
  Beim Sich-Imperieren entsteht zunächst ein Gefühl der Dringlichkeit und des Zwangs. Geht der Imperierungsprozeß weiter, werden diese Gefühle stärker. Es kommt zu Nervosität, Beklemmung und Angst.

- *Auswirkungen auf die Wahrnehmungsfähigkeit*
  Die Wahrnehmung wird eingeengt. Die jeweilige Realität wird nach dem abgesucht, was unbedingt sein muß oder nicht passieren darf. Es entsteht eine Art Tunnelblick, bei dem die innere Vorschrift wie ein Wahrnehmungsfilter wirkt, ein Filter, der nur das durchläßt, was mit dem Imperativ zu tun hat.

- *Auswirkungen auf das Verhalten*
  Die Handlungen werden hektischer, fahriger oder nervöser. Die Körperhaltung kann steifer und angespannter oder auch raumgreifender werden. Die Stimme wird ge-

preßter. Sie hört sich häufig auch monoton oder überschlagend an. Das Sprechtempo wird viel schneller oder viel langsamer als im Normalzustand.

Wenn jetzt deutlich geworden ist, welche unangenehmen Auswirkungen Imperative haben können, dann bleibt die Frage, warum wir uns überhaupt Vorschriften machen. Was veranlaßt uns dazu, uns selbst etwas zu imperieren? Wenn wir uns Vorschriften machen, dann versuchen wir, uns selbst in eine Richtung zu zwingen, um einen möglichen (seelischen) Schaden von uns fern zu halten. Genauer gesagt, wir versuchen mit Imperativen eine mögliche seelische Bedrohung oder eine Verletzung zu vermeiden. Hinter dem Imperativ »Ich darf beim Reden nicht den Faden verlieren!« steht die Absicht, sich selbst vor dem »Schlimmen« zu schützen, das passieren könnte, wenn ich den Faden verliere. Die Frage »Was ist schlimm daran, den Faden zu verlieren?« hilft uns, hinter die Kulissen der Vorschrift zu schauen. Die Antwort könnte so lauten: »Wenn ich den Faden verliere, dann werden mich die anderen für dumm halten und mich nicht respektieren. Vielleicht werde ich sogar ausgelacht. Und das darf nicht sein! Diese Verletztung will ich nicht ertragen, deshalb darf ich den Faden nicht verlieren!« Mit dem Imperativ wird versucht, das schlimme Gefühl loszuwerden. Auch wenn wir uns vom Kopf her sagen können, daß es doch überhaupt nicht schlimm ist, den Faden zu verlieren, so bleibt doch das Gefühl einer Bedrohung. Dieses Schlimm-Gefühl stammt aus alten seelischen Verwundungen, die nicht richtig verheilt sind. Viele dieser Wunden entstanden in der Kindheit, zu einer Zeit, als wir von Erwachsenen abhängig waren und unsere Seele leicht zu verletzen war. Einige der zentralen Imperative, die unser Leben bestimmten, haben wir damals von Eltern, Lehrern und anderen Menschen übernommen. Die meisten von uns haben als Kind erlebt, was es heißt, ohnmächtig zu sein, mit Liebesentzug bestraft zu werden, nicht versorgt oder allein gelassen zu werden. Um diesem seelischen Schmerz vorzubeugen, errichten wir Imperative, innere Vorschriften, die besagen: »Ich muß in einer bestimmten Art und Weise sein, ich darf dieses und jenes nicht tun, dann passiert mir so etwas Schlimmes nicht wieder.« Dabei ist nicht jeder Imperativ auf eine konkrete, erlebte seelische Verwundung zurückzuführen. Es reicht schon die Vorstellung, die bloße Phantasie über das aus, was an Schrecklichem passieren könnte, um sich mit einem Imperativ davor schützen zu wollen.

Auch als Erwachsene können wir uns seelische Verwundungen zuziehen oder Vorstellungen darüber entwickeln, was uns bedrohen könnte. Diese reale oder auch lediglich vorgestellte Bedrohung versuchen wir mit einer Vorschrift zu überkleben, ähnlich wie wir Heftpflaster über eine Wunde kleben. Unabhängig davon, ob die Verwundungen aus der Kindheit oder dem Erwachsenenalter stammen, ob sie wirklich erlebt oder nur phantasiert wurden, sie schmerzen noch, sie sind nicht vollständig verheilt. Wenn dann eine Situation auftritt, in der dieser Schmerz erneut gefühlt werden könnte, werden die Imperative in Gang gesetzt, mit denen das »Schlimme« verhindert werden soll.

Lassen Sie uns die Wirkung dieser seelischen Verletzungen an einem Beispiel verdeutlichen. Eine Teilnehmerin unserer Seminare litt unter der Angst, im Mittelpunkt zu stehen. In Gesprächsrunden unter Kollegen und im Freundeskreis war sie meist stumm, obwohl sie oft gerne mitgeredet hätte. Eine Rede vor einer größeren Gruppe war für sie enorm angstbesetzt. Allein die Vorstellung, daß sich alle Augen auf sie richten und sie so im Mittelpunkt der Aufmerksamkeit stehen würde, jagte ihr einen großen Schrecken ein. Im Laufe des Seminars konnte sie erkennen, welche Vorschriften sie sich machte und welche schmerzhaften Erfahrungen zu diesen Vorschriften geführt hatten. Als kleines Mädchen lernte sie mit Begeisterung ein Gedicht auswendig, das sie auf einer großen Familienfeier aufsagen durfte. Als es soweit war, trug sie ihr schönstes Kleid und sie freute sich sehr auf ihren

Auftritt, schließlich hatte sie lange geübt. Sie durfte auf einen Stuhl steigen, damit sie auch von allen gesehen wurde. Aber dort auf dem Stuhl fiel ihr die erste Strophe des Gedichts nicht ein. Sie stotterte herum, bekam aber keine Zeile richtig heraus. Die Erwachsenen fingen an zu lachen. Das Mädchen stand immer noch auf dem Stuhl und begann zu weinen. Die Erwachsenen lachten noch lauter und die Eltern sagten ihr, sie solle sich nicht so anstellen. Irgend jemand hob sie dann vom Stuhl herunter und die Feier ging weiter. Niemand tröstete das Mädchen. Sie trug ihre Trauer darüber, daß sie ihr Gedicht nicht aufsagen konnte, ganz allein. Und sie schämte sich dafür, daß sie ausgelacht worden war.

Später, als sie etwas älter war, stand sie in der Schule mehrmals vor der Klasse und konnte die Fragen des Lehrers nicht beantworten. Sie fühlte sich damals vor ihren Mitschülern bloßgestellt. Als Schutz vor weiteren Verletzungen entstand in ihr ein inneres Verbotsschild, auf dem stand: »Ich darf nicht im Mittelpunkt stehen.« Und hinter ihrer Vorschrift steckte dieses alte Schlimm-Gefühl: Ganz allein vor den anderen zu stehen und nicht weiter zu wissen, zu versagen und dann ausgelacht zu werden.

Jetzt können wir auch genauer verdeutlichen, wie durch das Sich-Imperieren Angst entsteht. Wenn wir das in Schritten darstellen, ergibt sich folgender Ablauf:

1. Auf Grund von seelischen Verletzungen oder negativen Erfahrungen entwickeln Menschen für sich innere Vorschriften, die Imperative.

2. Imperative werden dann aktiviert, wenn eine Situation entsteht, in der die alten unangenehmen Erfahrungen berührt werden und seelische Wunden wieder »aufbrechen« könnten. Der Prozeß des Sich-Imperierens beginnt, indem sich die Person mit konkreten Vorschriften unter Druck setzt.

3. Zugleich weiß die Person aber auch, daß die innere Vorschrift verletzt werden kann, weil sie nicht immer einzuhalten ist. Da das aber nicht sein darf, entsteht Angst.

Eine innere Vorschrift jagt die andere

Bisher sind wir – um das Ganze zu vereinfachen – bei unseren Beispielen von einzelnen inneren Vorschriften ausgegangen, durch die die Redeangst entsteht. Aber aus unseren Seminaren und Beratungen wissen wir, daß jemand, der Angst hat, vor einem Publikum zu sprechen, fast immer eine Kette von inneren Vorschriften aktiviert. Die Imperative liegen dabei schichtweise übereinander. Einige dieser Vorschriften befinden sich quasi an der »Oberfläche«, andere liegen tiefer. So kann sich zum Beispiel der Imperativ »Meine Stimme darf nicht zittern!« sofort bemerkbar machen, wenn es um eine Rede vor einem Publikum geht. Forscht man dann allerdings weiter, dann können noch andere Imperative auftauchen, wie: »Ich muß sicher wirken!« oder »Ich darf nicht versagen!«

Typischerweise beginnen diese Schichten oder auch Ketten von Imperativen in der Regel bei den Anzeichen der Angst, beispielsweise: »Meine Hände dürfen nicht zittern!« Wir stoßen auf eine tiefere Ebene von Imperativen, wenn wir die Frage stellen: »Was wäre das Schlimme daran, wenn die Hände zittern?« Die Antwort bezieht sich dann meistens auf das Verhalten und könnte lauten: »Wenn meine Hände zittern...

... kann ich nicht mehr ruhig reden

... fange ich an, mich zu verhaspeln

... verliere ich den Faden usw.

...und das wäre schlimm!«

Fragen wir auch hier weiter: »Was wäre das Schlimme daran, zum Beispiel den Faden zu verlieren?«, wird die nächste Ebene tieferliegender Imperative deutlich. »Wenn ich den Faden verliere,

... mache ich einen inkompetenten Eindruck

... bin ich unkonzentriert

... könnte ich nicht mehr weitersprechen

...und das wäre schlimm!«

Auch hier decken wir mit der Frage nach dem Schlimmen den darunterliegenden Imperativ auf und damit langsam ein ganzes System von Ver- und Geboten, die miteinander verknüpft sind bis hin zu Gefühlen von Einsamkeit und Todesvorstellungen.

»Ich muß etwas sagen, aber ich darf keinen Kloß im Hals haben, denn sonst könnte ich nicht fließend reden und dann würde ich nicht kompetent wirken und dann könnte es sein, daß die anderen mich nicht wichtig nehmen und dann wäre es völlig egal, was ich zu sagen habe und dann brauchte ich gar nicht hier zu sein.« (Zitat aus einem Beratungsgespräch.)

Diese Schichtung von Imperativen, ihre Über- und Unterordnung wollen wir mit der folgenden Tabelle verdeutlichen. Sie beginnt oben auf der ersten Hierarchiestufe bei den Imperativen, die die Körperreaktionen kontrollieren und endet auf der tiefsten Ebene bei den existentiellen Imperativen.

Eine Vorschrift jagt die andere – die Imperativhierarchie

	Ich muß…		Ich darf nicht
Ebene der Körperreaktionen	meinen Körper kontrollieren, meine Angst im Griff haben,		rot werden, zittern, nasse Hände bekommen, einen Kloß im Hals haben, Herzrasen bekommen
	(…)	denn:	(…)
Ebene des Verhaltens	etwas sagen, fließend reden, das Gespräch weiterführen, souverän sprechen, etwas Interessantes sagen, deutlich reden, laut sprechen,		stottern, Fehler machen, den Faden verlieren, zuviele Pausen machen, zu schnell/langsam reden, plötzlich lachen oder weinen, ausflippen, langweilig reden, aufgeregt sein,
	(…)	denn:	(…)

28

Ebene des Selbstbildes	einen guten Eindruck machen, witzig sein, sachlich sein, konzentriert sein, kompetent sein, souverän sein, etwas Besonderes sein, wichtig sein, (...)		zuviel Raum einnehmen, unsicher sein, albern sein, dumm sein, oberflächlich sein, nervig sein, zuviel von mir zeigen, unsachlich sein, schwach sein, arrogant sein, mich loben, zu emotional sein, (...)
		denn:	
Ebene des sozialen Kontakts	gesehen werden, den Erwartungen der anderen gerecht werden, andere beeindrucken, überlegen sein, geachtet werden, gefallen, anerkannt werden, geliebt werden, (...)		kritisiert werden, enttäuschen, im Mittelpunkt stehen, ausgelacht werden, überhört werden, abgewertet werden, Außenseiterin sein, (...)
		denn:	
Existentielle Ebene	sonst bin ich einsam, wertlos, ausgestoßen ... (usw.) und das Leben und meine Existenz verlieren den Sinn → Phantasien + Ängste vor dem Tod		

und: Das darf nicht sein!

Wie Sie sehen, können Imperative so miteinander verknüpft sein, daß ein Imperativ den nächsten nach sich zieht. Wird eine Vorschrift aktiviert, dann werden auch die tiefer liegenden Imperative berührt und zum »Schwingen« gebracht. So können mit der Vorschrift: »Ich darf nicht rot werden!« auch Imperative aktiviert werden, die sich auf das Abgelehntwerden oder auf das totale Versagen beziehen.

Redeknoten

Gerade bei der Redeangst von Frauen stehen sich häufig zwei widersprechende Vorschriften gegenüber, wie beispielsweise: »Ich muß jetzt aufpassen, daß ich auch zu Wort komme – aber ich darf mich nicht vordrängeln!« Beide Vorschriften bewegen sich auf der gleichen Ebene, aber sie stehen im Widerspruch zueinander. Meist erleben Frauen diese Verknotung der Imperative als einen Einerseits-anderseits-Konflikt.

»Auf der einen Seite möchte ich, daß das, was ich mache, auch gut gefunden wird, oder zumindest Aufmerksamkeit oder Interesse weckt. Auf der anderen Seite darf ich mich ja auch nicht produzieren, von wegen ›Ich bin die Größte‹ oder ›Ich kann das ganz toll.‹«

Dieses Zitat einer Klientin drückt aus, was viele Frauen beim öffentlichen Sprechen sehr häufig erleben: zwei innere Vorschriften, die sich wie eine innere Zwickmühle gegenüberstehen. Das Bedürfnis wahr- und ernstgenommen zu werden, wird häufig zum Gegenspieler der Angst, sich zu sehr in den Vordergrund zu spielen und dafür als Frau abgewertet zu werden. So haben diese verzwickten »Redeknoten« meist eine Seite, die glänzen will und eine andere, die nicht auffallen darf, wie in folgenden Beispielen:

Ich muß mich durchsetzen!	↔	Ich darf nicht anecken!
Ich muß auffallen!	↔	Ich darf nicht im Mittelpunkt stehen!
Ich muß perfekt sein!	↔	Ich darf meine Perfektion nicht zeigen!
Ich muß hervorstechen!	↔	Ich muß mich anpassen und einordnen!
Ich muß zeigen, was ich kann!	↔	Ich muß bescheiden bleiben!

Wenn eine Frau in einem solchen inneren Redeknoten gefangen ist, dann kann sie sich verhalten wie sie will, eine Seite ihrer Vorschriften wird sie mit großer Wahrscheinlichkeit verletzen. Versucht sie, mit Schweigen und Zurückhaltung aus der Redesituation herauszukommen, dann verstößt sie gegen ihre »Ich-muß-zeigen-was-ich-kann«-Vorschriften, mit denen sie sich antreibt. Wird sie hingegen aktiv und ergreift das Wort, dann verstößt sie gegen ihre bremsenden »Ich-darf-mich-nicht-in-den-Vordergrund-drängen«-Vorschriften. Die Betreffende erlebt meist jede ihrer Verhaltensweisen – gleichgültig ob sie nun aktiv oder zurückhaltend ist – als unzulänglich und fehlerhaft.

Nachdem wir die Verknüpfung und Verknotung von Imperativen nun kennengelernt haben, möchten wir einmal einen kurzen Blick darauf werfen, wie Imperative abgebaut werden können. Ganz ausführlich und mit vielen Übungen beschreiben wir das im dritten Kapitel. An dieser Stelle interessiert uns, was das Gegenteil vom Sich-Vorschriften-Machen ist.

Gelassenheit kommt von zulassen

Wir brauchen Imperative, weil wir schmerzhafte, »schlimme« Gefühle und Gedanken nicht erleben wollen. Aber die Imperative bringen uns, wie wir gesehen haben, in Teufelsküche. Durch sie setzen wir uns unter Druck und erzeugen in uns Streß und Angst. Wir können aufhören, uns innerlich Vorschriften zu machen, wenn wir bereit sind, das zu erleben, was wir bisher mit Imperativen weggeschoben haben: das Schlimm-Gefühl und damit die früheren seelischen Verletzungen und Katastrophen-Phantasien, die darin enthalten sind. Das liest sich hier einfacher, als es häufig in Wirklichkeit ist. Wir sind im Umgang mit uns selbst meist sehr daran gewöhnt, Störendes und Lästiges wegzuschieben, abzuschneiden oder herauszuoperieren. Ein kräftiges »Reiß dich zusammen!« erscheint uns häufig sehr plausibel, wenn es darum geht, schwierige Situationen zu bewältigen. Im Zulassen, Akzeptieren und Liebhaben von uns selbst fehlt uns meist die Übung. Störende Gefühle »wegzumachen« ist uns selbstverständlicher und »normaler«, als sie als Ausdruck unserer einzigartigen Persönlichkeit dasein zu lassen. Gerade bei unangenehmen Gefühlen kommt noch hinzu, daß viele glauben, ein schmerzhaftes Gefühl würde immer da sein. Tatsächlich sind unsere Gefühle aber in Bewegung. Wenn sie nicht blockiert werden, dann sind sie Prozesse, die ansteigen, ihren Höhepunkt erreichen, anschließend abnehmen und dann ausklingen. Das gilt für angenehme Gefühle, wie zum Beispiel Freude, ebenso wie für unangenehme Gefühle. Es fällt uns in der Regel leicht, unsere angenehmen Gefühle zu akzeptieren und sie zuzulassen. Die unangenehmen aber wollen wir meist »loswerden«, indem wir sie wegschieben und einen Imperativ davor setzen. Das aber ist ein sicherer Weg, um diese unangenehmen Gefühle eben nicht verschwinden zu lassen, sondern sie zu konservieren.

Lassen Sie uns anhand der nachfolgenden Zeichnung nochmals verdeutlichen, wie Imperative das vollständige Erleben des Schlimm-Gefühls blockieren.

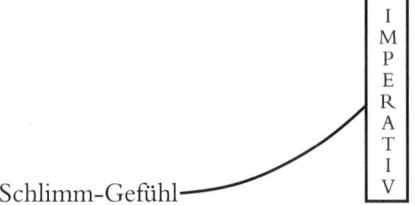

Wird das Schlimm-Gefühl nicht blockiert, wird also keine Vorschrift dagegengesetzt, dann steigt es zunächst an. Es wird noch »schlimmer«.

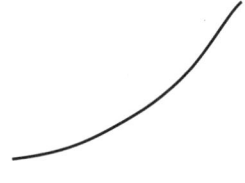

Nachdem das Schlimm-Gefühl seinen Höhepunkt erreicht hat, wird es ganz von selbst abnehmen. Erst durch dieses vollständige Zulassen des Gefühls, ohne Imperative, können schmerzhafte Gefühle ausheilen.

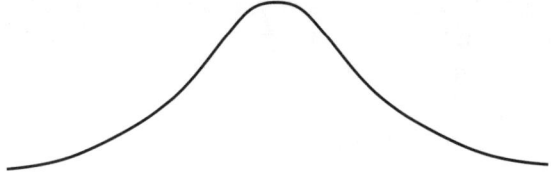

Ohne innere Vorschriften sind wir nicht länger in kreisenden Gedanken und in einem eingeengten Tunnelblick gefangen. Wir können die Realität in uns und um uns herum so erleben, wie sie ist. Diese Art der Wahrnehmung heißt *konstatierende Wahrnehmung*, was soviel bedeutet wie feststellende, akzeptierende Wahrnehmung[5]. Das klingt zunächst komplizierter als es ist. Sie kennen diese Form der konstatierenden Wahrnehmung aus Ihrem Alltag. Wenn Sie etwas Schönes erleben, dann nehmen Sie es so wahr, wie es ist und zwar mit allen Sinnen, ohne etwas wegzuschieben oder davor wegzulaufen.

Wenn Sie beispielsweise einen Sonnenuntergang am Meer miterleben, dann werden Sie wahrscheinlich dieses Erlebnis konstatierend wahrnehmen. Sie sehen die rote Sonne, die langsam am Horizont versinkt und wie sich das Licht auf der Wasseroberfläche spiegelt. Sie spüren die kühler werdende Luft und hören das Rauschen der Wellen. Sie nehmen wahr, welche Gedanken und Gefühle in Ihnen entstehen. Sie lassen das zu, was in Ihnen und außerhalb von Ihnen ist. Sie konstatieren das, was ist. Das Gegenteil davon wäre, sich etwas zu imperieren, sich Vorschriften zu machen.

Eine Rede vor einem Publikum ist nun aber kein Sonnenuntergang am Meer. Bei einer Rede geht es um die eigene Leistung, die eigene Person und um die Bewertung durch andere. Konstatierend wahrnehmen heißt, daß Sie vor allem Ihre Gefühle und Gedanken akzeptierend wahrnehmen, ohne dabei etwas mit einer Vorschrift wegschieben zu wollen. Wenn Sie eine Redesituation konstatierend wahrnehmen, dann werden Sie auch der Möglichkeit ins Gesicht sehen, daß Sie bei Ihrer Rede Fehler machen können, daß Sie Ihre gesetzten Ziele nicht ganz erreichen. Mit diesen Gedanken tauchen jetzt vielleicht sogar »schlimme« Gefühle auf. Sich nicht zu imperieren heißt, diese Gefühle und Gedanken einfach wahrzunehmen – ohne sich hineinzusteigern oder davor wegzulaufen. Durch das Zulassen von dem, was sich in uns abspielt, verringert sich die Angst und es entsteht Gelassenheit.

Das Zentrum der Angst

Bisher haben wir die Redeangst und das Lampenfieber vom theoretischen Hintergrund her betrachtet. Lassen Sie uns nun das Ganze einmal aus der Sicht der Betroffenen beleuchten. Wie stellt sich die Redeangst im Alltag dar? Und was genau macht den Frauen Angst?
Wir haben durch unsere Seminare und Beratungen herausgefunden, daß es bestimmte »Schreckensbilder« sind, vor denen sich die meisten fürchten, die unter Lampenfieber und Redeangst leiden. Das ist besonders die Angst
– im Mittelpunkt zu stehen
– rot zu werden
– etwas Dummes oder Falsches zu sagen und sich damit »total« zu blamieren
– den Faden zu verlieren und ein Blackout zu haben
– vom Publikum ausgelacht, abgelehnt oder sogar »in der Luft zerrissen« zu werden

Im Mittelpunkt stehen

Im Mittelpunkt der Aufmerksamkeit von anderen zu stehen, ist nicht nur angenehm. Gerade wenn es um die eigene (Rede-) Leistung geht, fühlen sich viele Frauen durch die Blicke der Zuhörenden verurteilt und vernichtet.

»Zuerst war ich noch ganz ruhig, aber als ich dann hinter dem Mikrophon stand und alle mich sehen konnten, da bekam ich die Panik. Ich war völlig bloßgestellt und ungeschützt. Ich dachte, daß die anderen jetzt jede Schwäche an mir sehen – meine Figur, die Kleidung und alles. Plötzlich war mir das Ganze unendlich peinlich. Am liebsten hätte ich mich versteckt.«

So schilderte eine 36jährige Verwaltungsangestellte ihre erste Redesituation vor einem größeren Publikum.

Sich selbst nicht in den Vordergrund zu drängen, sondern bescheiden zu sein – das sind Vorschriften, die viele Frauen bereits als kleines Mädchen verinnerlicht haben. So ist es nicht verwunderlich, daß viele Frauen fürchten, für eine Angeberin gehalten zu werden, wenn sie im Mittelpunkt stehen. Sie haben Angst, als Hochstaplerin entlarvt zu werden. Und da Frauen ihr persönliches Selbstwertgefühl häufig auch über ihr Äußeres bestimmen, verstärkt das eigene unperfekte Aussehen die Angst. Die schiefe Nase, schlechtsitzende Haare und zu viele Falten im Gesicht erscheinen der Betreffenden dann als übergroßer Makel, während sie gleichzeitig ihre schönen Seiten ausblendet. Das Publikum wird in ihren Augen zu einem unbarmherzigen Zensor, der an ihr kaum ein gutes Haar läßt. Tatsächlich aber kann die Rednerin nicht wissen, was in den Köpfen der Zuhörenden vor sich geht, ob sie von einigen im Publikum verurteilt wird oder ob ihr die Mehrheit wohlgesonnen ist. Sie vermutet vielmehr ihre eigene Selbstkritik und die eigene Selbstabwertung in den Augen und Ohren der Zuhörenden. Sie glaubt, die anderen würden sie so hart verurteilen, wie sie es mit sich selbst tut.

Die Angst, im Mittelpunkt zu stehen, führt meist dazu, daß die Betreffende versucht, wenig von ihrer herausragenden Situation wahrzunehmen und möglichst schnell davon wegzukommen. Mit anderen Worten: Sie versucht, ihre Rede nach dem Motto »Augen zu und durch«, schnellstens hinter sich zu bringen. In der Praxis sieht dieses »Augen zu und durch« dann typischerweise so aus: Die Rednerin, die Angst hat, im Mittelpunkt zu stehen, versucht die Zuhörenden und vor allem die Aufmerksamkeit der Zuhörenden so wenig wie möglich wahrzunehmen. Sie sieht vor Beginn ihrer Rede nicht ins Publikum, sondern auf ihr Manuskript, auf das Rednerpult oder an die Decke. Während Sie schnell und möglichst ohne Sprechpausen ihren Text abspult, vermeidet sie weiterhin den Blickkontakt mit dem Publikum. Schaut sie doch einmal in die Runde der Zuhörenden, dann wird sie gewahr, daß sich alle Augen auf sie richten. Sie steht tatsächlich im Mittelpunkt der Aufmerksamkeit. In dem Moment, in dem ihr das bewußt wird, steigt ihr Angstpegel. Es kommt zu Versprechern, Aussetzern, Fadenriß oder anderen Stockungen im Redefluß. Um nicht länger im Zentrum der Aufmerksamkeit zu stehen, führt die Rednerin meist ein hastiges Ende ihrer Rede herbei. Sehr häufig nimmt sie sich nicht genügend Zeit, um zu überlegen, ob sie auch das gesagt hat, was sie sagen wollte. Sie verschafft sich keinen ruhigen und eindrucksvollen Abgang. Die Rede wird mehr oder minder schroff abgebrochen, häufig wird das plötzliche Ende mit einem »Das war's« markiert. Kaum sind die letzten Worte verklungen, da verläßt sie fast fluchtartig den Redeplatz und setzt sich – meist mit einem stoßweisen, erleichterten Ausatmen – auf einen Stuhl, wo die Aufmerksamkeit des Publikums sie nicht mehr erreicht.

Der erste Schritt zum Abbau dieser Mittelpunktsangst besteht darin, dem Kern der Angst nicht länger auszuweichen, sondern ihm von Angesicht zu Angesicht gegenüberzutreten. Dazu führen wir in unseren Seminaren eine Übung durch, mit der die Teilnehmerinnen das »Im-Mittelpunkt-Stehen« sehr bewußt erleben können. Dabei setzt (oder stellt) sich die Betreffende vor die Gruppe. Alle anderen Frauen sitzen im Halbkreis vor dieser Teilnehmerin und gucken sie an. Für die Frau, die vor der Gruppe steht, geht es jetzt darum, schweigend im Zentrum der Aufmerksamkeit der anderen zu sein. Damit wird das Weglaufen, das Vermeiden und schnelle Flüchten beendet. Jetzt sitzt oder steht die Teilnehmerin dort, wo sie sonst gern »schnell weg« wollte: im Zentrum der Aufmerksamkeit des Publikums. Hier hat sie Zeit, die Gedanken und Gefühle wahrzunehmen, die mit ihrer Angst in Verbindung stehen. Sie kann konstatierend wahrnehmen, was um sie herum und was in ihr vorgeht: Sie kann genau hinsehen, wie das Publikum dasitzt und hören, welche Geräusche im Raum sind, welche Gefühle und Gedanken in ihr entstehen. Sie braucht dabei nichts tun, außer ganz da zu sein. Im dritten Kapitel finden Sie diese Übung in einer abgewandelten Form unter dem Titel »Auf dem Präsentierteller sitzen«.

»Hilfe, ich werde rot!«

Viele Frauen fürchten, rot zu werden, wenn sie im Mittelpunkt stehen. Sie wünschen sich, gelassen und souverän zu wirken, so daß niemand ihnen ihre Aufregung ansehen kann. Doch ihr gerötetes Gesicht verrät sie.

Beim Rotwerden gibt es manchmal erhebliche Unterschiede zwischen dem, was die einzelne innerlich vermutet oder fühlt und dem, was nach außen hin von anderen wahrgenommen werden kann. Es gibt Frauen, die rot werden und bei denen die zunehmende Röte im Gesicht auch auffällig ist. Andere wiederum spüren eine Art Hitzewallung im Gesicht, die aber äußerlich nicht zu sehen ist.

Auch der Grad des Rotwerdens wird manchmal stark überschätzt. Viele glauben irrtümlicherweise, ihr Erröten würde wie eine Art Leuchtreklame durch den ganzen Raum blinken. In Wirklichkeit ist die Gesichtsröte meist minimal, und das Publikum bemerkt das gar nicht, weil es mehr mit dem Inhalt der Rede beschäftigt ist als mit den Veränderungen der Hautfarbe bei der Rednerin.

Das Rotwerden ist eine Körperreaktion, die von selbst passiert und nur sehr schwer willentlich zu kontrollieren ist. Damit das Gesicht rot wird, erweitern sich die kleinen Blutgefäße in der Haut und die Durchblutung steigt in den Kopfbereich. Das kann durch eine innere Anspannung oder durch Streß ausgelöst werden. Wenn sich die Durchblutung des Gesichts verbessert, wird auch das Gehirn stärker durchblutet. Damit sorgt der Körper für eine verbesserte »Kraftstoffzufuhr« im Gehirnbereich und sichert somit die Leistungsfähigkeit in besonderen Situationen. Besonders, wenn es uns wichtig ist, daß unser Gehirn gut funktioniert, ist es nicht sinnvoll, die Blutzufuhr im Kopfbereich drosseln zu wollen.

Wenn das Rotwerden für Sie ein Problem ist, dann ist es hilfreich zu wissen, daß sich das Erröten nicht einfach mit einem Trick oder ähnlichem abstellen läßt. Wenn Sie sich befehlen: »Nicht rot werden!«, dann geben Sie sich selbst damit erst den Impuls zum Rotwerden, weil unser Gehirn das Wort »nicht«, daß sie mitgedacht haben, nicht genauso verarbeitet, wie die Worte »rot werden«. Das Gehirn verarbeitet zuerst »rot werden« und dann erst »nicht«. Das bedeutet, sie setzen mit dem Imperativ »Nicht rot werden!« zuerst den Impuls zum Rotwerden und erst danach soll dieser Impuls mit dem Wort »nicht« wieder gebremst werden. Das gleiche passiert zum Beispiel, wenn Sie einmal ernsthaft »nicht an rosa Elefanten denken«. Wenn Sie das tun, dann werden Sie wahrscheinlich zuerst an rosa Elefanten denken und dann diese rosa Elefanten innerlich wegschieben, durchstreichen oder umfärben. Aber zuerst haben Sie an rosa Elefanten gedacht, um sie anschließend loszuwerden.

Das Rotwerden nimmt häufig ab, wenn Sie aufhören, dagegen anzukämpfen, wenn es Ihnen gelingt, sich selbst als einen Menschen hinzunehmen, der nun einmal errötet. Sie sind jemand, der redet und dabei rot wird. Das sind Sie und das gehört zu Ihnen. Wenn Sie Ihr Rotwerden als Teil Ihres Daseins einfach »sein lassen«, dann können Sie gelassener werden und auch aufhören, sich deswegen zu schämen oder sich verstecken zu wollen. Sie werden rot und können vor anderen Leuten reden.

Möglicherweise ist das Rotwerden bereits ein Grund für Sie, um vor einer Rede Angst zu haben. In einem solchen Fall kann es hilfreich sein, daß Sie dazu die Übung im imperativzentrierten Focusing, die sie im dritten Kapitel finden, ausprobieren.

Etwas Dummes oder Falsches sagen

»Red' nicht so'n dummes Zeug. Das ist ja Unsinn, was du da erzählst!« Schon als Kinder haben wir gelernt, daß, wer Unsinn redet oder etwas Dummes sagt, ausgelacht oder vielleicht sogar bestraft wird. »So etwas gehört sich einfach nicht!« »Bloß nicht als Dummchen dastehen! Lieber stumm bleiben und sich auf die Zunge beißen, als das Risiko einzugehen, etwas Falsches zu sagen!« Geknebelt durch solche inneren Zwangsjacken, sitzen immer noch viele Frauen in Besprechungen und Diskussionen schweigend am Rand. Sie wagen es nicht, frei auszusprechen, was ihnen durch den Kopf geht. Ihre Angst ist zu stark, es könnte ihnen jemand nachweisen, daß ihre Äußerungen falsch oder dumm sind. Und wenn sie doch den Mut fassen und anfangen zu reden, beginnt ihr erster Satz meist mit einer Selbstabwertung, einer Selbstverkleinerung, wie: »Ich weiß nicht, vielleicht ist das ja Blödsinn, was ich mir denke...« oder: »Ich hab' da gerad' so eine dumme Idee...« Viele imperieren sich, daß sie nur dann vor einer Gruppe reden dürfen, wenn die eigenen Gedanken richtig, logisch und damit unangreifbar sind. Das heißt umgekehrt, daß sie es sich selbst verbieten, einfach nur einmal in einer Diskussionsrunde laut nachzudenken oder vorläufige Überlegungen anzubringen, also einfach spontan loszureden.

Die innere Vorschrift »Ich darf nichts Dummes oder Falsches sagen!« ist meist eng verbunden mit den Vorschriften »Ich darf keine Fehler machen!« und »Ich muß immer hervorragende Leistungen bringen!« Viele Frauen, die mit diesen inneren Fesseln leben und arbeiten, setzen sich (und manchmal auch andere Menschen) unter einen großen Leistungs- und Perfektionsdruck. Sie erleben Arbeit, Leistung und Können häufig als einen Kampf, den sie gegen sich und andere austragen. Jede Situation, in der es in irgendeiner Form um die eigene Leistung geht, wird als eine Art Prüfung erlebt – mit der dazugehörigen Prüfungsangst. Das gilt vor allem für eine Rede vor einem Publikum. Es geht dabei für sie um »Sein oder Nichtsein«, um Bestehen oder Durchfallen. Ein »falsches Wort« oder eine »dumme Bemerkung« und schon hat die Betreffende das Gefühl, bei den Zuhörenden »unten durch« zu sein.

Eine 44jährige Kunsthistorikerin, die für verschiedene Museen und Kunstgalerien beratend tätig war, litt unter starkem Lampenfieber, wenn sie Fachvorträge bei Ausstellungen oder in Kollegenkreisen hielt. Obwohl sie eine Expertin auf ihrem Gebiet war, fürchtete sie sich davor, daß ihr in einem Vortrag ein Fehler unterlaufen könnte. Eine Jahreszahl zu verwechseln oder ein Wort falsch aussprechen – das war für sie nicht nur ein Fehler, sondern fast eine Katastrophe.

»Was ich sage, muß korrekt und nachprüfbar sein! Schließlich habe ich eine lange Ausbildung hinter mir und da kann man doch von mir erwarten, daß ich präzise Angaben mache. Schluderei kann ich mir in diesem Beruf nicht leisten. Das darf einfach nicht vorkommen. Deshalb prüfe ich vor jedem Vortrag alle Angaben, die ich mache drei- und vierfach. Trotzdem zittere ich vorher, weil ich es einfach grauenvoll finde, wenn mir irgendein Versprecher herausrutscht oder ein Kollege entdeckt, daß mir ein Irrtum unterlaufen ist.«

Wir luden diese Frau zu einer einfachen Übung ein, mit der sie die Angst vor Fehlern und Versprechern abbauen konnte. Wir baten sie, einen »besonderen« Vortrag vor der Gruppe zu halten. Einen Vortrag, in dem allerdings kein einziger vernünftiger Satz vorkam. Mit anderen Worten, es ging darum, daß sie minutenlang nur Blödsinn redete.

Für die Kunsthistorikerin war das die größte Herausforderung in diesem Seminar. Sie sprach normale Worte, die sie zu völligen kunsthistorischen Nonsens-Sätze zusammenfügte. Ihren ersten dummen Satz auszusprechen, kostete sie sehr große Überwindung. Bevor sie anfing zu sprechen, saß sie vor der Gruppe und »schwitzte Blut und Wasser«, wie sie selbst anschließend sagte. Nach den ersten zögerlichen und gequälten Sätzen begann die innere Blockade zu schmelzen und ihre restliche Rede fing an, ihr Spaß machen. Ihre Nonsens-Rede wurde mit Video aufgezeichnet und anschließend abgespielt. Sie hörte und sah sich selbst, wie sie zum ersten Mal in ihrem Erwachsenenleben »absichtlich Blödsinn redete«, und zwar während andere ihr dabei zuhörten und zusahen.

Sie berichtete nach der Übung, daß ihr anfangs die Situation ungeheuer peinlich war und daß sie am liebsten alles abgebrochen hätte. Erst durch das genaue Hinspüren und Wahrnehmen konnte Sie herausfinden, was für sie das Schlimmste beim fehlerhaften Sprechen vor anderen war und so konnte sie einen Blick hinter die Kulisse ihrer inneren »Immer-korrekt-und-perfekt-sein-Müssen«-Vorschrift werfen. Sie wollte sich mit dieser Vorschrift vor der Erfahrung des Versagens schützen:

»Für mich ist es der größte Horror, mit dem, was ich als Fachfrau sage, reinzufallen. Also wenn mir jemand nachweist, das ich nicht korrekt gearbeitet habe, daß ich sozusagen geschlampt habe. Ich denke, mein Ruf als Expertin steht auf dem Spiel und ich kann mir kein Versagen leisten. Dafür habe ich zu lange und zu mühselig studiert, um das zu werden, was ich bin und ich habe sehr um die Position kämpfen müssen, in der ich jetzt arbeite.«

Hinter ihren inneren Perfektions-Vorschriften lag der »Horror«, als Fachfrau nichts mehr zu gelten. Natürlich wußte sie, daß ein oder mehrere Fehler und Versprecher nicht zu ihrem Untergang führen würden. Dennoch hatte sie bei jeder Rede Angst um ihren Status, um ihren Ruf als Expertin. Bei jedem öffentlichen Vortrag stand für sie ihr Können und ihre Kompetenz auf dem Spiel. Bestehen oder durchfallen – das war für sie die Prüfung bei jedem ihrer Vorträge.

Durch diese Nonsens-Rede-Übung probte sie das, was sie vermeiden wollte – das Versagen, den Reinfall und die massenhaften Fehler beim Sprechen.

Viele Wochen nach dem Seminar, bei einem Wiedersehenstreffen mit ehemaligen Seminarteilnehmerinnen, berichtete die Kunsthistorikerin, was sich aufgrund dieser Übung bei ihr geändert hatte. Ihr großes Zittern vor einer Rede war mittlerweile zu einer kleinen Unruhe geschrumpft. Sie hatte sehr viel weniger Angst davor, Fehler während ihrer Vorträge zu machen, obwohl sie sich auch jetzt noch gründlich vorbereitete. Außerdem war sie dabei, ihre Reden mehr aufzulockern und wie sie sagte, »nicht mehr ganz so bierernst aufzutreten, sondern auch mal Humor zu wagen«.

Diese Nonsens-Rede-Übung ist wohlgemerkt kein Training, um Frauen beizubringen, wie sie in Zukunft mehr Blödsinn reden können, sondern eine Übung zum Abbau von inneren Korrektheits- und Perfektions-Vorschriften, mit denen sich viele Frauen Angst machen und sich selbst lähmen.

Das »Äh« in der Rede

Überflüssige und ungeliebte Laute, wie das »Äh«, entschlüpfen vielen Menschen, wenn sie während des Sprechens kurz nachdenken. Die Rednerin oder der Redner überlegen in den Sprechpausen, wie das nächste Wort oder der nächste Satz lauten kann. Und dieses kurze Innehalten überbrücken viele mit einem Zwischenlaut.

Wieviele von diesen »Ähs« während einer Rede produziert werden, merken manche erst, wenn sie sich eine Videoaufnahme ihres Redebeitrags ansehen. Die Konzentration ist während der Rede ganz bei den Worten, und ein »Äh« entwischt meist unbemerkt.

Wenn die betreffende Frau nun allerdings weiß, daß ihr hin und wieder ein »Äh« entschlüpft, wird das Reden meist schwieriger. Jetzt bemerkt sie jedes »Äh« bereits während ihres Wortbeitrages besonders deutlich und gerät dadurch kurz ins Stocken oder sie fällt nach einem »Äh« ganz aus ihrem Redekonzept.

Wir gehen davon aus, daß das Sprechen des »Ähs« und anderer Zwischenlaute eine Angewohnheit ist, die durchaus einen Sinn haben kann. Möglicherweise dienen diese Zwischenlaute dazu, einen ununterbrochenen Redefluß herzustellen. Frauen (und auch Männer), denen oft das Wort abgeschnitten wurde oder nicht bis zum Schluß zugehört wurde, neigen zu einer angespannten und gehetzten Sprechweise. Sie wollen schnell alles loswerden, was sie zu sagen haben, bevor ihnen jemand ins Wort fällt oder ihnen nicht mehr zugehört wird. Und während sie zwischen den Worten kurz überlegen, signalisiert das »Äh«, daß sie noch nicht fertig sind.

Der Abbau vom Imperativen trägt ganz wesentlich dazu bei, daß die Sprechweise ruhiger, weniger hastig wird. Wenn die Rednerin es sich innerlich erlaubt, während ihres Wortbeitrages in Ruhe nachzudenken, dann nehmen die Zwischenlaute meist ganz von selbst ab. Für Frauen ist darüber hinaus auch noch wichtig, daß sie ihr Rederecht verteidigen und sich gegen Unterbrecher zur Wehr setzen können.

Steckenbleiben und den Faden verlieren

Falls eine Rede nicht Wort für Wort abgelesen, sondern frei gesprochen wird, kann es passieren, daß die Anschlüsse zwischen den Gedanken und Sätzen nicht gleich perfekt passen. Auch ein noch so ausgefeiltes Manuskript ist kein Schutz davor, bei einer freien Rede nicht doch den Faden zu verlieren. (Allerdings gibt es Redemanuskripte, die eher hilfreich sind und solche, die einen eher verwirren. Hinweise für ein hilfreiches Manuskript finden Sie im vierten Kapitel, Rhetorisches Können: Hilfen, Tips und Techniken.) Eine freie Rede, die nicht abgelesen wird, ist wie eine Wanderung in einer riesigen Landschaft. Das Steckenbleiben kann dann wie ein kurzes Stillstehen sein, um sich neu zu orientieren und vielleicht auch die Richtung zu ändern. Warum wird aber das Steckenbleiben während der Rede so sehr gefürchtet?

Anders als das Stehenbleiben beim Wandern, haben wir das Steckenbleiben während eines Vortrages nicht unter unserer Kontrolle. Der Faden reißt einfach – ob wir es wollen oder nicht. So entsteht das Gefühl, hilflos ausgeliefert zu sein und die Kontrolle zu verlieren.

Hinzu kommen die negativen Bewertungen, die der Fadenriß bei vielen hat: Steckenbleiben ist ein Fehler, ein Versagen und ein Zeichen von Nervosität, Angst und/oder Dummheit. Vieles davon stammt aus der Schulzeit. Der Lehrer stellte eine Frage an die Schüler und Schülerinnen, die dann vielleicht hilflos eine Antwort herausstotterten. Oder die Erinnerung taucht auf, wie es war, als einzelne vor der ganzen Klasse an der Tafel etwas erläutern zu sollen und dann mittendrin einfach nichts mehr zu wissen. Solche durchaus schmerzhaften Schulerlebnisse tragen viele noch als Erwachsene in sich und so manche Vortragssituation erinnert dann daran, wie es damals war: Das Gehirn ist wie leergefegt und das höhnische Gelächter der Mitschüler klingt schrill im Ohr. Damals war das Steckenbleiben mit beißendem Spott, schlechten Zensuren oder einfach peinlichen Gefühlen verbunden. Und manche fürchten eben dies auch heute noch, wenn sie während einer Rede ins Stocken kommen.

Hinzu kommt, daß viele ein falsches Idealbild einer Rede vor Augen (und Ohren) haben. Eine ideale Rede ist für sie ein Strom von Worten, der möglichst ununterbrochen fließend dahinplätschert.

Tatsächlich aber ist eine spannende und wirkungsvolle Rede eher wie ein Wind, der mit unterschiedlicher Heftigkeit weht. Mal ist es mehr ein brausender Sturm und mal ein laues Lüftchen. Zwischendurch herrscht hin und wieder Windstille. Die Pause, die Unterbrechung in der Rede ist kein Fehler, sondern eher die nötige Windstille, durch die Kontrast und Spannung im Vortrag erzeugt werden. Das Innehalten, das Schweigen während der Rede ist also kein Versagen, sondern vielmehr ein Mittel der Dramaturgie.

Erst die innere Vorschrift »Ich darf nicht steckenbleiben!« läßt das Reißen des Redefadens zum Problem werden. Die Angst davor und der Zwang genau das zu vermeiden, läßt das kurze Nicht-weiter-Wissen während des Sprechens zu einer inneren Panik ausufern.

Statt in Ruhe einen Anknüpfungspunkt zu suchen, setzt die Rednerin mit dem Gedanken »O schrecklich, jetzt weiß ich nicht weiter!« das Angstkarussell in Gang. Mit Angst im Kopf und im Herzen fällt ihr natürlich erst recht nichts ein. Und so wird schnell aus einem kleinen Fadenriß ein völliges Blackout. Das Karussell dreht sich nun schneller und schneller. Scheinbar geht nichts mehr.

In traditionellen Rhetorikseminaren werden den Teilnehmer/innen Tricks und Tips gegeben, die angeblich helfen sollen, aus dieser »Klemme« wieder herauszukommen. Diejenigen, die wirklich Angst haben, den Faden zu verlieren, machen dabei leider oft die Erfahrung, daß all diese Tricks und Tips im Ernstfall nichts nützen. Im Zustand des Blokkiertseins, der Angst – vielleicht auch der Panik – ist kein Tip und Trick mehr im Kopf vorhanden. Alles ist weggefegt. Das einzige, was hier wirklich hilft, ist die Lösung der Blockade durch Zulassen von dem, was gerade ist, das Beenden des Sich-Vorschriften-Machens. Und dann fällt einem meist auch ganz ohne Tip und Trick wieder ein, wie der Redebeitrag weitergehen kann. Wenn die Furcht vor dem Steckenbleiben abnimmt, ändert sich meist auch das gesamte Sprechverhalten. Durch die Angst, den Faden zu verlieren, versuchen viele schnell zu sprechen, um möglichst zügig mit ihrem Beitrag fertig zu werden. Die ganze Rede wird hastig abgespult, um ja nicht abgelenkt zu werden und aus dem Konzept zu kommen. Wenn das Fadenverlieren kein Problem mehr ist, dann reden die meisten sehr viel langsamer und lebendiger. Sie nehmen sich Zeit, während des Vortrags nachzudenken und auch mal Kontakt mit dem Publikum aufzunehmen.

Zwischenrufe und Angriffe aus dem Publikum

Freundliches Lächeln, Kopfnicken und Applaus, das wünschen wir uns als Reaktion aus dem Publikum. Was aber, wenn die Zustimmung ausbleibt und die einzige Antwort der Zuhörenden eisiges Schweigen oder sogar ganz offene Ablehnung ist?

»Am meisten Angst habe ich davor, daß ich eine Abfuhr erhalte. Wenn ich spreche und die Leute dabei genervt die Augen verdrehen, dann verunsichert mich das sofort. Das Schlimmste, was ich mir vorstellen kann, ist es ausgepfiffen zu werden oder daß die Leute rufen ›Aufhören‹.«

Das berichtete eine Frau, die seit ein paar Jahren in der Kommunalpolitik aktiv ist. Sie erzählte weiter:

»Wenn ich vor Leuten rede, von denen ich weiß, daß die meiner Meinung sind, bin ich zwar aufgeregt, aber ich hab' dann keine große Angst. Sowie es aber Meinungsverschiedenheiten gibt, wie in Diskussionen oder Veranstaltungen – sofort schlottern mir die Knie und ich krieg kaum einen Ton raus.«

Es besteht ganz real die Möglichkeit, mit der eigenen Rede nicht nur Lorbeeren zu ernten, sondern auch Widerspruch und Ablehnung. Meist jedoch existiert der heftige Protest des Publikums nur in der Phantasie der Rednerin. Die Frauen, die sich davor fürchten, während ihrer Rede ausgebuht oder ausgepfiffen zu werden, haben das nur selten selbst erlebt. Aber allein die Vorstellung, daß so etwas passieren könnte, reicht bei vielen aus, um sich mit den Imperativen »Ich muß ankommen! Ich darf von den Zuhörern nicht abgelehnt werden!« angst zu machen.

Neben dem Abbau dieser Imperative bieten wir in unseren Seminaren eine Übung an, bei der die Teilnehmerin während ihrer Rede deutliche Ablehnung von den Zuhörern erfährt. Den »Härtegrad« der Abfuhr bestimmt die jeweilige Teilnehmerin selbst. Das geht vom unmerklichen Kopfschütteln, Tuscheln und Flüstern im Publikum bis hin zu Lachen, Zwischenrufen und lautem Rausgehen während des Redebeitrags. Jede Teilnehmerin, die im Kreuzfeuer des Protestes steht, experimentiert während dieser Übung mit ihren eigenen Reaktionen. Welche Angriffe aus dem Publikum kann sie noch ignorieren und welche Ablehnungen treffen sie besonders hart? Manche haben bei dieser Übung für sich sehr nützliche Verteidigungsstrategien entwickelt oder haben festgestellt, daß ein gehöriger Angriff aus dem Publikum sie erst recht anstachelt und ihre Rede in Schwung bringt. Alle haben durch dieses Erlebnis der Ablehnung eine gemeinsame Erfahrung gemacht: Sie entdeckten, daß sie es durchaus aushalten können, angegriffen zu werden. Das hört sich zunächst seltsam an. Aber die meisten Frauen, die sich vor Ablehnung und Angriffen fürchten, glauben, daß sie es nicht ertragen könnten, wenn Menschen sie ablehnen. Nach der Übung stellten viele fest, daß die Abfuhr durch das Publikum nicht so verheerende Folgen für sie hatte, wie sie zuvor annahmen. Die meisten Frauen waren von ihrer eigenen Streitlust und Widerstandsfähigkeit überrascht. Dabei hat sich auch für viele herausgestellt, daß es kein allgemein »richtiges« oder »immer wirkungsvolles« Verhalten bei Ablehnung oder Angriffen gibt. Manchmal ist es für das Redethema und den äußeren Rahmen angemessener, einen Zwischenruf schlicht zu ignorieren. Es gibt allerdings auch Situationen, in denen es durchaus richtig und wichtig ist, auf einen Zwischenruf Kontra zu geben.

Der Umgang mit Ablehnung und Angriffen hängt natürlich auch von der Persönlichkeit der jeweiligen Rednerin ab. Manche Frau hat in unseren Seminaren entdeckt, daß sie durchaus zu kleinen, leisen ironischen Bemerkungen während ihrer Rede fähig ist. Andere haben sich eher als Meisterin der Empörung und der lauten Zurechtweisung entpuppt. Auch hier gilt: Eine spontane und angemessene Reaktion auf Zwischenrufe und Angriffe kann sich erst entwickeln, wenn das Denken und besonders die Kreativität nicht mehr durch Imperative blockiert werden.

Redeangst von Frauen: Angst mit System

In diesem Kapitel werden wir der Frage nachgehen: Gibt es einen gemeinsamen »Nährboden« für die Entstehung von Redeangst bei Frauen?
Einen dieser »Nährböden« fanden wir in der Erziehung zum »Frausein«, der die Grundlage weiterer Stolpersteine darstellt:
— die innere Überzeugung, minderwertig zu sein
— der Perfektionismus
— der Drang nach äußerer Bestätigung

Neben diesem stark gesellschaftlich bedingten Hintergrund für Redeangst bei Frauen lassen sich auch sehr individuelle Erfahrungen finden, die häufig in der Kindheit begründet sind. Einige davon werden wir Ihnen unter der Überschrift »Leichen im Keller« vorstellen. Vielleicht finden Sie sich in der einen oder anderen Beschreibung wieder und kommen den Ursachen Ihrer eigenen Redeangst näher auf den Grund.

Das alte »Frauenkorsett«

Redeangst von Frauen betrachten wir zunächst einmal als ein gesellschaftliches und kulturelles Problem. Öffentliches Auftreten und Sprechen von Frauen ist historisch betrachtet eine recht junge Errungenschaft. »Das Weib schweige in der Gemeinde« scheint als biblischer Imperativ überholt, und doch sieht die Realität in Hörsälen, Versammlungsräumen oder Vereinshäusern häufig aus, als würde diese Vorschrift weiterhin gelten.

Die Regeln, nach denen Frauen sich zu verhalten haben, sind bei jeder unterschiedlich tief »eingefleischt« und sitzen tiefer als wir meist glauben. Einige von ihnen können Frauen beim Reden so in die Quere kommen, daß Reden zum Problem wird. Allen voran die Vorschrift: »*Sei still und zurückhaltend!*« Ein braves Mädchen ist nicht vorlaut, weder »vor« noch »laut«. Ganz im Gegenteil: Es hält sich zurück und ist still.

Holen in einem Seminar zwei Frauen zur gleichen Zeit Luft, um das Wort zu ergreifen, kommt es meist zu dem »Nach-Ihnen-Effekt«: Beide schauen sich lächelnd an und sagen: »Mach' du.« »Nein, nein, sag' du!« Nur nicht vordrängeln! Dieser Imperativ sitzt bei vielen tief. Den anderen immer den Vortritt lassen zu müssen, hat häufig zur Folge, gar nicht mehr zu reden. So freundlich und höflich eine solche Haltung sein mag, so hinderlich ist sie, wenn daraus ein Imperativ wird. Dieser führt nämlich dazu, daß einige Frauen Diskussionen nur noch luftschnappend beiwohnen. Aus Angst, sich vorzudrängeln, Raum einzunehmen, sich »breit zu machen«, ziehen sie sich ganz zurück und schweigen. Ein weiterer Imperativ, der Frauen das Reden schwer machen kann, ist: »*Sei bescheiden*!«

> »Sei wie das Veilchen im Moose,
> sittsam, bescheiden und rein,
> und nicht wie die stolze Rose,
> die immer bewundert will sein!«

Dieser Spruch aus dem Poesiealbum wird von vielen Frauen als »alte Kamelle« in die Zeit unserer Großmütter verfrachtet. Und doch läßt sich nicht leugnen, wie aktuell sein Gebot auch heute noch ist: Frauen tun sich schwer, von ihren Fähigkeiten und Kompetenzen zu berichten. Wen wundert's, daß eine der schwersten Übungen in unseren Seminaren die ist, drei Minuten lang nur positiv über sich zu reden.

Bei dieser Übung geht es nicht darum, zu übertreiben, aufzuschneiden oder gar den »starken Mann zu markieren« (wie sollten wir auch…), sondern von den eigenen, tatsächlich vorhandenen Fähigkeiten zu berichten. Nicht mehr und nicht weniger. Und trotzdem, die Übung wird meistens als peinlich empfunden: Sich selbst wertzuschätzen und dieses auch noch frei heraus zu äußern, grenzt für viele Frauen an Hochmut. (Und der ist schlimm und kommt bekanntlich vor dem Fall.)

So sind Frauen eher Meisterinnen, sich klein zu machen, ihr Licht unter den Scheffel zu stellen, ihre Kompetenzen herunterzuspielen, als daß sie Lust daran empfinden, sich in gutem Licht zu zeigen.

Diese Vorschrift der Bescheidenheit verbaut häufig die Erfahrung, sich vor anderen als kompetent zu zeigen und verbietet gleichzeitig den Genuß des eigenen Erfolges. Redebeiträge werden dann häufig mit einer Entschuldigung eingeleitet (»Leider bin ich keine sehr geübte Rednerin…«) und mit einer Verkleinerung beendet (»Ja, mehr hab ich nicht zu sagen gehabt...«). Der mögliche Applaus wird zudem durch schnelle Flucht vom Rednerinnenpult verkürzt. Denn Frauen fürchten nicht nur mögliche »Buh«-Rufe nach einer Rede, sondern sind fast ebenso peinlich berührt, wenn ihnen tosender Beifall entgegenkommt, denn sie befinden sich mitten in einer akuten »Imperativverletzung«: Den Applaus in sich aufzunehmen, den eigenen Erfolg auszukosten, sich selber auch einmal auf die Schultern zu klopfen, ist verboten für diejenige, die bescheiden sein muß. Diese »falsche Bescheidenheit« führt nicht selten zu der Erfahrung, nicht ernstgenommen zu werden und verstärkt so im doppelten Sinne das eigene Mißerfolgsgefühl.

Eine weitere frauenspezifische Vorschrift, die im Redeverhalten von Frauen sichtbar wird, ist: *»Paß' dich an und sei unterstützend.«* So gehört es eher zur Frauenrolle, verständnisvoll zuzuhören, beizupflichten, anderen »nach dem Mund« zu reden oder Fragen zu stellen, als offensiv eine eigene Meinung zu vertreten. Dies kann sich so weitgehend auswirken, daß Frauen gänzlich verlernen, eine eigene Meinung zu entwickeln, geschweige denn, zu ihr zu stehen oder sie gegenüber anderen zu behaupten. Eine Frau beschrieb dies treffend: »Ich weiß nicht, was ich will, ich habe jahrelang nichts anderes getan, als wie Efeu um den eigenen Mann zu ranken.«

Neben geschlechtsspezifischen Vorschriften, die sich auf Zurückhaltung, Bescheidenheit und Anpassung beziehen, spielt noch ein weiterer wesentlicher Imperativ bei der Entstehung von Redeangst eine Rolle: *Eine Frau muß schön sein!*

Öffentliches Sprechen ist meistens damit verbunden, von vielen gesehen zu werden. Und genau das ist für viele Frauen das Schlimme: gesehen und beurteilt zu werden und zwar zuerst nach dem äußeren Erscheinungsbild und erst später nach dem Inhalt des Redebeitrages. Diese Erfahrung haben Frauen, die öffentlich sprechen, zur Genüge. Die Videoaufnahmen, die wir in unseren Seminaren machten, brachten den Kern der Redeangst einiger Frauen ans Licht: »Ich darf nicht sprechen, weil ich häßlich bin«, »weil ich zu dick bin«, »weil meine Zähne zu weit vorstehen«. Redeangst entpuppt sich bei genauerem Hinsehen bei einer Reihe von Frauen als Angst, sich zu zeigen, weil sie nicht dem gängigen Schönheitsideal entsprechen oder dies zumindest meinen. Die Erziehung zum Frausein stellt sich bei vielen redeängstlichen Frauen als die Hauptursache ihrer Unsicherheit dar. Auch wenn das traditionelle »Frauenkorsett« sich in den letzten Jahrzehnten um einiges gelockert hat, hat es bei Frauen mehr oder weniger sichtbare Einschnürungen hinterlassen. Wir leben in einer Gesellschaft, in der männliche Werte wie Stärke, Durchsetzungsfähigkeit, Erfolgszwang usw. vorherrschen, und die Frauen minder bewertet. Diese äußere Herabsetzung tragen viele als »verinnerlichte Frauenverachtung« in sich selbst und sie ist häufig Ursache einer grundlegenden Unsicherheit, die wir im folgenden als weiteren »Nährboden« für Redeangst beschreiben.

Die innere Überzeugung, minderwertig zu sein

Redeangst ist häufig mit der Angst verbunden, im Mittelpunkt zu stehen, wie wir es im vorigen Kapitel bereits erwähnt haben. Bei näherer Betrachtung dieser Szene und der mit ihr verbundenen Befürchtungen berichteten die Frauen häufig von Gefühlen wie: von Blicken durchbohrt oder ausgezogen zu werden, nackt dazustehen, völlig schutzlos und ausgeliefert, und alle könnten einem bis auf den Grund schauen. Das, was dann zum Vorschein kommen könnte, ist meist ein kleines, unzulängliches, dummes und häßliches Wesen, das vor allen versteckt werden muß, wie es das folgende Zitat beschreibt: »Ich habe Angst, unbedeutend zu sein, nichts wert zu sein. Angst, daß es ans Licht kommt, wie klein, blöd, dumm und bescheuert ich bin.«

Redeangst zeigt sich hier als Ausdruck allgemeiner innerer Verunsicherung. Unsicherheit dem eigenen Wert, der eigenen Stärke und Wirkung gegenüber. Uns erstaunt, wieviel Frauen mit dieser »verinnerlichten Frauenverachtung« leben, mit der Überzeugung minderwertig zu sein. Viele Teilnehmerinnen von Redeangstseminaren sind nach außen hin selbstbewußt wirkende, kompetente Frauen. Doch im Inneren sterben sie »tausend Tode« und ihr geringes Selbstwertgefühl scheint in ständiger Gefahr, entlarvt zu werden. Eine Politikerin drückte dies in einem Beratungsgespräch so aus:

»Die anderen sind klüger als ich und wenn ich beim Sprechen nicht aufpasse, dann merken die auch noch, daß ich dumm bin. Ich bin dümmer als die anderen, ganz klar. Ich hab' gedacht, wenn ich das jetzt fühle: ich bin dümmer als die anderen, dann find' ich das vielleicht traurig, aber da ist gar nichts dran, es ist nichts dran zu rütteln. Die Tatsache an sich ist ganz klar. Aber sie dürfen das nicht merken.«

So sind viele Frauen damit beschäftigt, dieses als wertlos empfundene Selbst zu verstecken. Der zentrale Imperativ: »Es darf nicht ans Licht kommen, daß ich minderwertig bin!« wird durch viele weitere Verbote untermauert, wie: Ich darf nicht
— unsicher wirken
— rot werden
— etwas Falsches sagen
— nachfragen
Das Verbergen kann soweit führen, daß die Betreffende regelrecht unsichtbar und unhörbar wird und wie mit einem Tarnmantel durch die Welt läuft. Eine Frau war so tief in diesen Prozeß verstrickt, daß sie vermied, überhaupt etwas auszudrücken: Sie schwieg seit Jahren, trug nur unauffällige oder schwarze Kleidung und hatte einen leblosen Gesichtsausdruck. All diese Strategien sollten dazu beitragen, ihr inneres, verletzliches Selbst zu schützen nach dem Motto: »Wenn ich mich *nicht* verhalte, kann ich mich auch nicht falsch verhalten.«

Häufig hören wir am Ende von Seminaren: »Am Anfang dachte ich, ich bin hier die einzige mit Redeangst, die anderen sind alle falsch hier.« Dieses Phänomen, das aus der eigenen Unsicherheit entsteht, macht die anderen zu den Kompetenten und einen selbst zu der einzigen Unsicheren, die extrem kritisch beäugt wird und innerlich »durchfällt«. So können viele Frauen gar nicht glauben, daß sie es sind, wenn sie sich das erste Mal auf Video sehen. Eine Frau schrieb: »... Das Überwältigendste war, mich zu sehen. Diese charmante Frau auf dem Video, die so frei und ohne Füllworte sprach, mit Pausen und direktem Blick ins Publikum, war mir völlig fremd.«

So fällt es einigen schwer, das minderwertige Selbstbild gegen das tatsächliche, reale Bild einzutauschen. »Das kann ich doch gar nicht sein«, sagte eine Frau nachdem sie eine Videoaufzeichnung gesehen hatte. »Meine Freundin sagt mir auch immer, ich würde nach außen gar nicht katastrophal wirken, bloß der hab' ich nie geglaubt, ich dachte, sie wolle mich nur schonen.« Häufig ist die Überzeugung, minderwertig zu sein, so hartnäckig, daß, wie im obigen Beispiel deutlich wird, selbst Lob und Ermutigung kaum eine Chance haben. Diese innere Einstellung zu sich selbst ist ein zentraler »Nährboden« für Redeangst, obgleich die nächste nicht minder zu ihr beiträgt:

Der Perfektionismus

Aus dem Gefühl der Minderwertigkeit entspringt nicht selten ein innerer Drang nach Perfektion. Imperative mit Vorschriftscharakter sollen dazu dienen, die eigene, als unzulänglich bewertete Person in ein Idealbild zu verwandeln: Ich muß

– fehlerfrei sein
– immer locker sein

- etwas Besonderes sein
- alles wissen, usw.

Es entsteht ein Zwang, hervorragend sein zu müssen, ohne Schwächen, einfach perfekt. So kann jeder kleinste Fehler zur Gefahr werden, da er das haltgebende Gebäude der eigenen Perfektion zum Wanken bringen kann. Kleine Patzer verwandeln sich dann manchmal in große Katastrophen, wie es die folgende Frau ausdrückt: »Wenn die ersten Worte bei einem Vortrag nicht gleich einwandfrei und flüssig rauskommen, ist alles verpatzt – dann zieh' ich den Rest nur noch durch, daß ich's schnell hinter mir habe.«

Angestrebt wird die totale Perfektion, hinter der die Hoffnung steht: Wenn ich perfekt (das heißt stark, gut, richtig, attraktiv usw.) bin, wäre ich akzeptabel, könnte dazugehören und alles wäre gut. Nur, daß es die Perfektion nicht gibt. Die Jagd nach der Vollkommenheit ist vergleichbar mit der Jagd des eigenen Schattens: Man wird sie nie erreichen, denn immer hätte es noch besser gehen können. So ist die einzelne von vornherein zum Scheitern verurteilt: da sie etwas können soll, was sie niemals können wird, erlebt sie sich als Versagerin. Zu allem Übel passiert dieses Versagen ja nicht nur im inneren »Durchfallen«, sondern wird, wie wir schon im Vorangegangenen erläuterten, gerade durch die extrem hohen Leistungsansprüche provoziert: durch den inneren Druck ist das »reale Versagen« (das heißt etwa Blackout, Stottern, den Faden verlieren) meist vorprogrammiert und der Teufelskreis der eigenen Abwertung vertieft sich weiter: »Das nächste Mal müßte ich einfach noch besser vorbereitet sein/noch einen Rhetorik-Kurs besuchen, so blöd, wie ich mich anstelle...«

Ein weiterer Faktor, der sich aus den beiden eben genannten ergibt, ist:

Der Drang nach äußerer Bestätigung oder:
Die Angst vor Liebesverlust

Frauen werden dazu erzogen, sich auf andere zu beziehen. Sie kümmern sich um Männer und um Kinder und engagieren sich in sozialen Berufen. Ihr Job ist es, für andere zu sorgen – auch in Gesprächen. Frauen haben, wie es die Sprachwissenschaftlerin *Senta Trömel-Plötz*[6] beschreibt, einen »kooperativen Sprachstil«: Sie stellen Fragen, hören zu, schließen sich an andere an, bestätigen und suchen nach Bestätigung, fassen zusammen und unterbrechen höchst selten und wenn, dann dienen diese Unterbrechungen meist als Unterstützung. Die Frauenrolle gibt also eine »Beziehungssprache« vor, in der es darauf ankommt, andere zu verstehen und kooperativ Übereinstimmungen herzustellen. Meist ist die Atmosphäre dabei wichtiger als das Herstellen überlegener Positionen oder das Durchsetzen inhaltlicher Standpunkte. Fragt man Frauen, was ihnen daran angst macht, ihre Meinung zu vertreten, ist die häufigste Antwort: Sie hätten Angst davor, abgelehnt zu werden. Das Schlimmste ist, von den anderen nicht mehr gemocht zu werden und genau dieses würde passieren, würden sie eine abweichende Meinung äußern, ihre kooperative Unterstützungsarbeit aufgeben und sich zum Mittelpunkt machen. Auf Kosten ihrer Selbstbehauptung und Unabhängigkeit ziehen es viele Frauen deshalb vor, sich den Regeln anderer anzupassen. Sie scheinen nur als Mensch wertvoll zu sein, wenn andere da sind, die dies bestätigen.

Durch diese Abhängigkeit von Beziehungen und äußerer Bestätigung leben redeängstliche Frauen in der Gefahr, daß ihnen durch einen abschätzigen Blick, durch ein kritisches Wort der Boden des eigenen Selbstwertes unter den Füßen weggezogen wird. Häufig haben sie deshalb feinste Antennen für die Wahrnehmung ihrer Umwelt und die von außen kommenden Signale. Dieses »Radarsystem« ist extrem störanfällig, fängt bei kleinsten Anzeichen an, Alarm zu schlagen und ist fatalerweise meist auf Versagen geeicht: »Ich scheitere schon, wenn jemand die Braue hebt. Da braucht's nicht viel oder wenn jemand einen reservierten Eindruck macht, dann hab' ich schon versagt. Deswegen scheitere ich ständig.«

So oder ähnlich bestätigen redeängstliche Frauen ihre innere Katastrophenvorstellung, nicht liebenswert zu sein. Hier schließt sich der Kreis, den eine Frau so beschreibt: »Ich glaube, das Schlimmste ist, wenn meine Leistungen nicht anerkannt werden. Ich darf nichts falsch machen, das hieße, zu versagen. Leistung ist bei mir ganz stark an Liebe gekoppelt. Ganz eng und nur darüber. Ohne Leistung bin ich nichts wert. Ich muß 150prozentig sein, denn das Schlimmste ist: nicht geliebt zu werden.« Und genau darauf lassen sich ein Großteil der mit Redeangst zusammenhängenden Imperative zurückführen.

Neben den bisher genannten »Nährböden« für Redeangst gibt es noch einen weiteren, der meist in der jeweiligen Kindheitsgeschichte zu finden ist:

Die »Leichen im Keller«

Hiermit meinen wir all die unangenehmen, peinlichen oder grausamen Erlebnisse, die redeängstliche Frauen tief in ihrem Inneren mit sich herumtragen. Meist gut versteckt gären sie vor sich hin und häufig ist es die Kindheit »wo der Hund begraben ist«, wo die Ursachen von Redeangst zu finden sind. In den Beratungen und Seminaren gruben wir einige dieser Erfahrungen wieder hervor, aus denen Frauen für ihr Leben gelernt hatten: gelernt, besser den Mund zu halten, lieber nichts mehr von sich zu berichten, sich nie wieder in den Mittelpunkt zu begeben usw.

So berichtete beispielsweise eine Frau, daß sie als kleines Mädchen »immer besonders sein mußte«, mit Aufmerksamkeit überschüttet wurde und sich herausgeputzt zu präsentieren hatte. Seitdem war ihr jede Situation verhaßt, in der sie von anderen angeschaut wurde. Genauso gibt es Erlebnisse von Frauen, die das genaue Gegenteil beinhalten. Eine Frau erzählte: »Ich sollte gar nicht da sein. Ich glaube, ich habe sehr früh gemerkt, daß ich unerwünscht war und drum habe ich einfach so getan, als sei ich nicht da.« Jetzt, als Erwachsene, war es ihr weiterhin schwer, Raum einzunehmen, sich mit Wort und Körper »breit zu machen«. Der Imperativ aus ihrer Kindheit »Ich muß so tun, als wäre ich nicht da« wirkte fort und blockierte sie beim öffentlichen Sprechen.

Eine Reihe anderer Beispiele traumatischer Kindheits- und Jugenderfahrungen stammen aus der Schulzeit: vor der Klasse bloßgestellt, ausgelacht oder gedemütigt zu werden, Schikane beim Vorsingen, Gedicht aufsagen oder »freiem Sprechen«, welche einigen Frauen die Lust an öffentlichen Auftritten zunichte gemacht haben. Nie wieder vor einer Gruppe sprechen! Keinesfalls von mir persönlich erzählen! Bloß das Gefühl »Auf dem Präsentierteller zu stehen« vermeiden! – das sind typische erlernte Imperative, die ihren Ursprung in blamablen Schulerfahrungen haben. Eine Frau, die Ausländerin ist, berichtete von ihren Erfahrungen, Außenseiterin in der Klasse zu sein und davon, wie sehr sie unter dem Gefühl von Einsamkeit und Fremdheit gelitten hatte. Niemals mehr wollte sie dies erleben und fing an, sich anzupassen: »Nicht anders sein dürfen!« wurde zu ihrem obersten Gebot und blockierte sie in all den Situationen, in denen sie sich mit einer anderen Meinung selbst behaupten wollte.

Eine andere Frau führte ihre Redeangst auf das Verhältnis zu ihrer Mutter zurück: Diese war eine bekannte Politikerin, die regelmäßig öffentlich im Fernsehen auftrat und große Reden hielt. – »Niemals so werden wie meine Mutter!« hatte sie sich schon früh vorgenommen, denn der Wunsch, sich mit ihr zu messen, war immer mit dem Gefühl verbunden gewesen, nicht an sie heranzureichen. Daß dies der Grund

ihrer Redeangst war – die Gefahr, beim öffentlichen Sprechen an ihrer Mutter gemessen zu werden – wurde ihr erst
später klar.

Solche und andere individuelle »Leichen im Keller« gibt es
unzählige: Erfahrungen, die verdrängt oder vergessen werden, weil sie unangenehm sind, die aber innerlich weitergä-
ren. Redeangst zeigt sich dann häufig als »Spitze des Eisber-
ges«. Wenn Sie schmerzvolle Ereignisse oder solche, die Sie
schon länger mit sich herumtragen, bearbeiten wollen, kann
es sinnvoll sein, dies nicht alleine zu tun, sondern sich professionelle Hilfestellung zu holen. Auch wenn Sie spüren,
daß Ihre Selbsthilfe auf Grenzen stößt, Sie sich bei der Bearbeitung Ihrer Probleme im Kreise drehen oder auf der Stelle
treten, möchten wir Sie ermutigen, therapeutische Unterstützung zu suchen. Die Vorstellung, sich der eigenen »Leichen im Keller« anzunehmen, mag unangenehm erscheinen
und doch lohnt sich dieser Schritt. Denn bei der Bearbeitung
psychischer Verletzungen geht es nicht darum, alten Staub
aufzuwirbeln, sondern den entstandenen Wunden die Chance zu geben, wirklich zu heilen. Eine Klientin beschrieb die
Aufdeckung ihrer eigenen traumatischen Erlebnisse so: »Dadurch, daß ich mir meine hermetisch abgeriegelte Gruft näher angeschaut habe, war es, als würde ich die Tür öffnen
und Luft an die Leiche lassen, die da vor sich hingärte. Und
erst durch das Licht und die Luft konnte sie anfangen, richtig zu verwesen.«

Wie Imperative die Angst anheizen: Der Angstkreislauf

Sowohl die geschlechtsspezifische Erziehung und das daraus
entstehende Minderwertigkeitsgefühl, der Perfektionismus
und der Drang nach Bestätigung, als auch die eben beschriebenen traumatischen Kindheitserinnerungen können Grundlage für die Entstehung von Redeangst sein.

Wir möchten noch einmal verdeutlichen, wie der Prozeß des »Sich-Vorschriften-Machens« die Redeangst verstärkt.

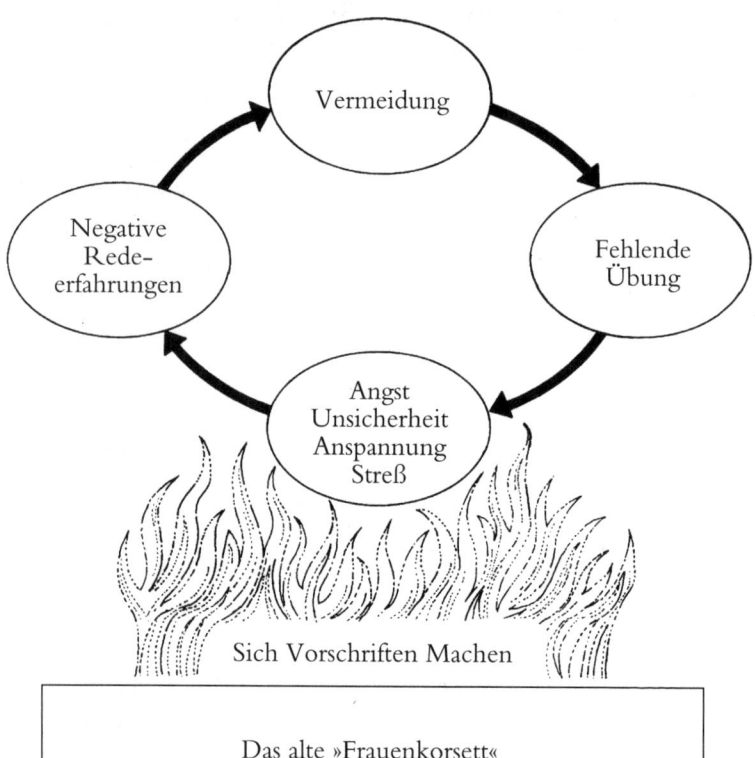

Die im vorangegangenen Abschnitt beschriebenen »Nährböden« für Redeangst bilden die Entstehungsgrundlage für den Prozeß des Sich-Imperierens. In Situationen, in denen Imperative aktiviert werden, fängt das »innere Feuer« an zu lodern. Angst, Druck oder Unsicherheit flammen auf. Dieses Feuer kann einen Kreislauf der Redeangst in Gang setzen, wie einen Teufelskreis, der sich selbst verstärkt. Dies kann zum Beispiel folgendermaßen ablaufen:

— Indem wir uns selbst Vorschriften machen, setzen wir uns innerlich unter Druck.
— Dieser innere Druck, das Gefühl von Streß oder Angst, läßt uns angespannt sein und erhöht die Möglichkeit, beim Sprechen »ins Schleudern« zu kommen: Wir sammeln negative Redeerfahrungen wie rot werden, stottern, den Faden verlieren, Blackout usw.
— Diese Erfahrungen können dazu führen, daß wir in Zukunft Redesituationen, die wir als Streß erfahren, vermeiden: Wir sind lieber still, drücken uns, überlassen das Reden besser anderen.
— Die Vermeidung ist häufig die Ursache fehlender Übung. Wir »trainieren« das Sprechen seltener, machen so wenig Erfahrungen und haben demzufolge weniger Erfolgserlebnisse.
— Die fehlende Übung trägt zu einer Verstärkung der Unsicherheit bei und führt ihrerseits dazu, daß Streß und Angst in Redesituationen zunehmen.

Dieser Kreislauf der Angst verstärkt seinerseits den inneren Prozeß, sich selber Vorschriften zu machen (»Ich muß einfach mehr sagen«, »... endlich meine Angst loswerden«, »Ich darf mich nicht nochmal blamieren« usw.), so daß das ganze System sich selbst stabilisiert. Auf diese Weise tragen wir dazu bei, daß das Korsett enger wird, wir uns vielleicht noch minderwertiger fühlen oder meinen, noch perfekter sein zu müssen, daß wir verstärkt auf äußere Bestätigung angewiesen sind oder unsere »Leichen« noch tiefer verbuddeln. Gibt es da einen »Notausgang«? Ja, genauso wie Sie dazu beitragen können, den eben beschriebenen Angstkreislauf anzufachen, können Sie dieses bleiben lassen. Fangen Sie damit an aufzuhören, sich Vorschriften zu machen (auch die Vorschrift: »Ich darf mir keine Vorschriften mehr machen!« ist eine Vorschrift...).

Was könnte das heißen? Wenn Sie aufhören würden, sich Vorschriften zu machen, könnten Sie anfangen wahrzunehmen, was ist. Das könnte heißen, Abschied zu nehmen vom eigenen Wunschbild und bewußt dem meist banalerem So-Sein der eigenen Existenz zu begegnen. Dies hieße, ein Risiko einzugehen, da es die Wahrnehmung der eigenen realen Begrenztheiten, der tatsächlichen Mißerfolge, Schwächen, Macken, Gewöhnlichkeiten und Unvollkommenheiten einschließt. Sich selber liebevoll wahrzunehmen mit allen Gefühlen, die dazugehören, wie Schmerz, Trauer, Scham, Wut, Verzweiflung, Hilflosigkeit usw. heißt, sich das eigene Selbst zurückzuerobern, sich der Lebendigkeit der Gefühlswelt zu stellen. Und es gehört zur Vielfalt des Lebendigen, daß eben nicht nur die schönen und angenehmen Gefühle dazugehören, sondern auch die, die wir normalerweise lieber nicht wahrnehmen wollen, allen voran die Angst. In dem Augenblick, wo wir uns der Wahrnehmung unseres eigenen So-Seins wirklich stellen, wird klar, daß sich die Bewertungen von gut und schlecht auflösen und mit ihnen die eigenen Zwänge, anders zu sein, als wir sind und die mit ihnen einhergehenden Verbote, nicht fühlen zu dürfen, was wir fühlen.

Wir möchten Sie ermutigen, das Wagnis einzugehen, Ihr selbst konstruiertes Korsett immer weiter aufzuschnüren und sich in Ihrer ganz eigenen Form und Fülle zu zeigen, so wie Sie sind.

3 Redeangst und was sich dagegen tun läßt

Nachdem wir Ihnen in den vorangegangenen Kapiteln dargestellt haben, wie sich Redeangst zeigt, wie sie entsteht, was der Prozeß des Sich-Imperierens auslöst und welche Imperative besonders Frauen betreffen können, möchten wir Ihnen im zweiten Teil dieses Buches praktische Hilfen anbieten, wie Sie Ihre Redeangst abbauen können.

Die meisten unserer Teilnehmerinnen wünschen sich einen Knopf, um Ihre Redeangst abzustellen. Angst kann ein so lästiges und unangenehmes Gefühl sein, daß sie alles dafür tun würden, es loszuwerden: Kopfstand machen, Pillen schlukken oder eine Zauberformel murmeln, Hauptsache, es hilft. Daß es diesen Knopf nicht gibt, ist enttäuschend und trotzdem gibt es eine Regel, die beim Angstabbau zu beachten ist:

Der Angst aus dem Wege zu gehen führt zur Verfestigung der Angst. – Der Angst zu begegnen führt zu ihrer Auflösung.

1. Der Angst aus dem Weg gehen

Der Angst aus dem Wege gehen heißt: Redesituationen zu vermeiden, nicht an ängstigende Situationen zu denken, lieber fernzusehen, die Angst zu ignorieren, sich gut zuzureden oder sich zusammenzureißen usw. Diese Alltagsstrategien schaffen für den Moment Erleichterung, das ist ihr Vorteil und darum sind den meisten diese Strategien so vertraut. Langfristig betrachtet stabilisieren sie die Angst, da sie die Angst nur umgehen, anstatt sie ursächlich zu verändern. In jeder neuen Situation brauchen wir deshalb diese Krücken wieder. Trotzdem können sie gerade wegen ihrer kurzfristigen Wirkung in bestimmten Situationen nützlich sein, anstatt sich z.B. in die Angst hineinzusteigern. Sie sind zu vergleichen mit einem Erste-Hilfe-Koffer, den ich für Notfälle dabei habe, mit dem es aber weder möglich ist, wirklich zu heilen, noch Unfälle generell zu verhindern. Einige solcher Angst-Ausweichmanöver werden wir Ihnen im Anschluß an diese Übersicht vorstellen.

2. Rhetorisches Können

Eine weitere Möglichkeit, Angst zu mindern, ist die, sich gerade in diesen ängstigenden Situationen zu üben. Angst kann dann entstehen, wenn eine Person das Gefühl hat, eine schwierige Situation nicht zu bewältigen, ihr nicht gewachsen zu sein. So liegt bei einigen unserer Seminarteilnehmerinnen die eigentliche Ursache ihrer Redeangst in der Tatsache, daß sie schlicht und ergreifend nicht wissen, wie sie vor einer Gruppe eine Rede halten können. Sie haben ein Übungsdefizit, weil sie sich bisher vielleicht vor Redesituationen lieber gedrückt haben. Für diese Frauen verringert sich der Angstpegel durch das steigende Gefühl ihres Könnens, ihrer Kompetenz. Dieses Gefühl entsteht durch Übung und Vermittlung von Rede-Know-how. Hilfen, Tips und Techniken, die wir in diesem Zusammenhang für sinnvoll erachten, werden wir Ihnen im vierten Kapitel vorstellen.

3. Der Angst begegnen

Redeangst hört häufig nicht automatisch auf, wenn ich rhetorisch auch noch so fit bin. Das beweisen viele brillante Rednerinnen, die in unseren Seminaren sitzen und trotz ihres Könnens Angst empfinden. Auch sie wünschen sich, ihre Angst nicht nur kurzzeitig, sondern langfristig abzubauen. Den Anfang hierfür stellt der Schritt dar aufzuhören, sich zu imperieren: »Die Angst muß weg!« Bei den Angst-Abbau-Methoden, die wir Ihnen vorstellen werden, geht es darum, der Angst zu begegnen: ihr ins Gesicht zu schauen, sie zu erforschen und zu erfühlen, sie wahrzunehmen, wie sie ist, sie auszuhalten ohne sie wie bisher gewohnheitsmäßig wegzuschieben. Das heißt, sich in ängstigende Situationen zu begeben, anstatt sie zu vermeiden. Wie Sie die Methoden »Konstatierende Wahrnehmung« und »Imperativauflösendes Focusing«, die Ihnen dabei helfen, lernen können, zeigen wir Ihnen schrittweise in dem Kapitel »Auf dem Weg zu mehr Gelassenheit«.

Hier noch einmal zusammenfassend eine Übersicht zu den drei eben beschriebenen Wegen zum Umgang mit der Angst:

Der Angst aus dem Weg gehen	Rhetorisches Können: Hilfen, Tips & Techniken	Der Angst begegnen
I	II	III
Vermeiden – angstauslösender Situationen – innerer Wahrnehmung durch: Ablenken Flüchten Sich zusammenreißen Beruhigen/Betäuben Positives Denken	Nervositätsbremsen Rede-Knowhow Übung	Konstatierende Wahrnehmung – in der Vorstellung – in der Realität Imperativauflösendes Focusing
Führt kurzfristig zur Erleichterung – langfristig wird die Angst verfestigt.	Führt zu mehr persönlicher Kompetenz, hilft praktisch in Redesituationen, kann zum Angstabbau beitragen.	Führt kurzfristig zum intensiveren Angsterleben – langfristig zum Angstabbau.

Der Angst aus dem Weg gehen

Wenn wir in unseren Seminaren die Teilnehmerinnen fragen, welche Strategien sie anwenden, um ihre Redeängste abzumildern, bekommen wir eine Palette von Methoden und Tricks präsentiert, die aus der unangenehmen Angst-Erfahrung jeder einzelnen erwachsen sind. Einige erzählen, daß die beste Methode gegen Angst einfach die sei, sich gar nicht erst in Redesituationen zu begeben. Andere berichten von ausgeklügelten Abwehrmanövern wie: »Wenn ich rot werde, kneife ich mich ganz doll in die Hand, damit ich mich auf den Schmerz und nicht auf meinen roten Kopf konzentriere, dann läßt es von selbst wieder nach.« Oder: »Ich denke dann immer: Daran stirbst du nicht, was auch immer passiert, du bleibst am Leben!« Einige Frauen bereiten sich aus Angst besonders gründlich vor, halten sich am Kugelschreiber fest, oder stecken ihre zitternden Hände in die Hosentaschen. Andere empfehlen Beruhigungsmittel oder üben sich im positiven Denken (»Du bist prima, alle werden deinen Vortrag interessant finden, es wird einfach glatt laufen… usw.«).

Auf die Frage, wie zufrieden sie mit ihren Strategien sind, um die Angst zu mildern, antworten die meisten: nicht besonders. Sie helfen für den Moment, sie sind besser als nichts, doch sie wären bei jedem neuen Anlaß wieder nötig, weil sich an der Angst grundsätzlich nichts ändert.

Genau das trifft auf diese »Weglauf-Methoden« zu. Sie dienen einzig dazu, die Angst zu stoppen, jedenfalls kurzfristig, indem wir versuchen, sie zu vermeiden. Zuerst tritt auch eine spürbare Erleichterung ein, wir lenken uns ab, denken an etwas anderes, weichen angstvollen Situationen aus – doch langfristig ist es gerade dieses Vermeidungsverhalten, das Angst chronisch werden läßt: Mit jedem Vermeiden gräbt sich die Angst tiefer ein, wir zementieren sie sozusagen. Häufig kommt es dann zu der »Angst vor der Angst« – wir bekommen Angst davor, die Angst zu spüren, zum Beispiel körperlich, und empfinden das Erleben der Angst als die eigentliche Katastrophe. So kann das Vermeidungsverhalten die Angst stabilisieren und die Angst das Vermeidungsverhalten. Dieser Teufelskreis kann den Lebens- und Handlungsspielraum einer Person stark einschränken und nimmt die Chance, sich in den angstauslösenden Situationen schrittweise auszuprobieren.

Das kurzfristige Erleichterungsgefühl, das bei diesen »Weglauf-Methoden« eintritt, zeigt sich übrigens nur im Anfangsstadium des Angstempfindens. Ist die Angst bereits voll angelaufen, haben die Strategien, die die Angst wegschieben sollen, sogar eher eine angststeigernde Wirkung. Der Kampf gegen die Angst verstärkt den inneren Druck und heizt die Angst regelrecht mit an und die Gedanken: »Ich darf nicht solche Angst haben – ich habe sie aber – ich darf sie aber nicht haben…« drehen sich imperativisch im Kreis. – Die Konsequenz ist, daß die Person nicht nur Angst empfindet, sondern zusätzlich mit sich in einem inneren Konflikt ist, der die Spannung weiter steigen läßt.

Noch einmal zusammengefaßt: Der Angst aus dem Wege zu gehen, kann kurzfristig erleichternd wirken, führt aber langfristig zur Verfestigung der Angst.

Einige solcher Strategien wollen wir Ihnen nun vorstellen. Dabei unterscheiden wir zwei verschiedene Wege, vor der Angst wegzulaufen:

1. Vermeidung angstauslösender Situationen
2. Vermeidung der inneren Wahrnehmung von Angst

Vermeidung angstauslösender Situationen

Am deutlichsten sind die Strategien, die das Reden ganz zu vermeiden versuchen:

— Nicht auf Diskussionsveranstaltungen gehen
— sich vor mündlichen Prüfungen drücken

- lieber alles schriftlich erledigen
- sich keine eigenen Meinung bilden
- teilnahmslos in Mitarbeiterbesprechungen sitzen
- nicht mehr telefonieren
- den anderen den Raum durch Zuhören geben nach dem Motto: »Reden ist silber, Schweigen ist gold«

Doch es gibt auch Vermeidungsverhalten, das auf den ersten Blick nicht gleich zu erkennen ist: Personen, die beim Reden an die Decke schauen, weil sie Angst vor Blickkontakt haben. Andere, die ihr Publikum totreden, um möglichen Fragen oder scharfer Kritik auszuweichen. Einige, die nichts mehr fürchten als langweilig zu sein und um dies zu vermeiden, besonders lebendig und witzig auftreten. Oder diejenigen, die sich 200prozentig vorbereiten und noch die Nächte vorher die Rede bis zur Perfektion auswendig lernen, aus Angst, Fehler zu machen oder den Faden zu verlieren. Auch diese Strategien sind Angst-Ausweichmanöver und diese Liste stellt nur eine kleine Auswahl der unzähligen Möglichkeiten dar, sich um Angstsituationen herumzudrücken.

Vermeiden der inneren Wahrnehmung von Angst

Es ist nicht nur möglich, äußerlich die Angst zu umgehen, sondern auch innerlich, indem das Angstgefühl durch Ignorieren, Ablenken, Flüchten, Betäuben usw. unterdrückt wird, wie die folgenden Beispiele zeigen:

Betäubungsmittel:
Durch Beruhigungstabletten, Nikotin, Alkohol oder Essen wird versucht, das Angstgefühl in den Griff zu bekommen. Selbst in Büchern erfolgreicher Rhetoriklehrer lassen sich Empfehlungen folgender Art finden: »Trinken Sie vor Ihrem Auftritt einen kleinen Cognac!«[7] Alkohol lockert bekanntlich die Zunge – und führt langfristig zur Abhängigkeit, wie

alle Betäubungsmittel, indem die regelmäßige Einnahme das Gefühl vermittelt, es ohne diese Mittel nicht mehr schaffen zu können.

Ablenkung:
Statt an den morgigen Vortrag zu denken und dabei Angst zu empfinden, lenken sich viele ab: Zeitung lesen, Fernsehen, an den nächsten Urlaub denken, die Wohnung putzen, Briefe schreiben usw. Auch dieses Vermeidungsverhalten empfiehlt das eben zitierte Rhetorikbuch zum Abbau von Redeangst: »Wenn Sie Ihr Thema beherrschen, versuchen Sie, sich selbst abzulenken, indem Sie auf andere Gedanken kommen.«[8] Eine andere Rhetoriktrainerin empfiehlt, sich anstatt auf den Herzschlag auf die eigenen Fingerspitzen zu konzentrieren und bietet hierfür gezielte Fingerschüttelübungen an, um sich die eigenen Fingerspitzen bewußt zu machen.[9] Auch hier geht es um Ablenkung, darum, dem Angsterleben aus dem Wege zu gehen.

Sich zusammenreißen:
Statt sich abzulenken, fangen einige an, innerlich mit sich zu schimpfen: »Das ist doch Quatsch, stell dich nicht so an, mach dir mal nicht ins Hemd…« Auch die folgende »Suggestionsübung für die Praxis« zielt auf den Zusammenreißeffekt ab:

> »Ich atme tief ein,
> gehe mit aufrechtem Gang zum Rednerpult,
> nehme Kopf und Schultern zurück,
> denke an etwas Positives,
> entspanne mich.
> Ich muß! – Ich will! – Ich kann!«[10]

Das Sich-Imperieren, keine Angst haben zu dürfen, Zähnezusammenzubeißen, sich nicht so anzustellen, kann kurzfristig zu einer Unterdrückung des Angstgefühls führen, langfristig führt es zu einem Zusatzkonflikt: Neben der Angst macht sich auch noch der Ärger in uns breit, daß sich die

Angst einfach nicht wegbefehlen läßt. Den »schönsten« Tip in Rhetorikbüchern zum Abbau von Redeangst fanden wir unter dem Motto »Nie wieder nervös«: »Schritt 10: In jeder Situation die Fassung bewahren!«[11] Na, dann mal los...

Positives Denken:
Statt sich innerlich zu beschimpfen, wählen einige die entgegengesetzte Strategie, sie nutzen positive Selbstbeschwörungsformeln, um das Angsterleben zu unterbrechen: »Es wird schon alles klappen«, »Ich werde frei und locker reden ohne Angst.«
Diese Selbstinstruktionen vermitteln für die Zeit, in der eine Person sie denkt, das Gefühl, Kontrolle über die eigene Angst zu haben. Dabei ist weniger wichtig, was man zu sich sagt, als die Tatsache, daß man etwas sagt und daß man an die Wirkung dieser Formel glaubt. – Sie könnten beispielsweise auch »WUWEI, WUWEI« sagen, würden wir in der Lage sein, Ihnen eindringlich genug zu vermitteln, daß genau diese Formel Angst abbaut. Das, was wirkt und zu einem momentanen Nachlassen des Angstgefühls führt, ist die Tatsache, daß Sie in dem Moment, indem Sie die Formel murmeln, aufhören, sich in die Angst hineinzusteigern. Sie hören auf, an sich zu zweifeln, sich Katastrophenvorstellungen auszumalen oder sich zu imperieren »Es darf bloß nichts schiefgehen«. Sie unterbrechen für einen Moment Ihre Imperierungsprozesse und konzentrieren sich auf etwas fundamental anderes. Sie haben für kurze Zeit das Gefühl, Kontrolle über Ihre Angst zu haben, sie irgendwie im Griff zu haben. Das wirkt erleichternd – aber das ist auch alles.
So erklärt sich auch die kurzfristige Wirkung der folgenden Methode, das »Sarnoff-Mantra«:

> »Ich freue mich, hier zu sein.
> Ich freue mich, daß Sie hier sind.
> Ich bin ganz für Sie da.
> Ich weiß, wovon ich spreche«.[12]

Die Autorin empfiehlt, sich die Sätze wie ein Rad vorzustellen, daß sich schneller und schneller dreht, und sie sich innerlich vorzusagen. Sie warnt: »Nicht aufhören! Sonst geben Sie negativen Gedanken die Möglichkeit aufzukommen. Lassen Sie das Rad sich immer weiterdrehen. Los, los, immer weiter drehen, die Sätze müssen einander nur so jagen. Schneller, immer schneller.«[13] Sarnoff empfiehlt einen neuen Imperierungsprozeß statt »Ich darf keine Angst haben« – »Ich darf negativen Gedanken keinen Platz geben«. Stellen Sie sich nur einmal vor, Sie vergessen das Mantra…

Auch wenn der Nutzen einiger Methoden angezweifelt werden kann, können sie tatsächlich kurzfristig Wirkung zeigen und das macht sie auch so beliebt. Doch allen Strategien nach dem Motto »Lampenfieber-Ex« ist erst einmal zu mißtrauen. Angstabbau führt über den Weg der Angst. Die Wege, die um die Angst herumführen, berühren sie nicht, sondern lassen sie so, wie sie ist. Die Angst abzubauen heißt, ihr zu begegnen. Dazu möchten wir Sie im nächsten Kapitel ermutigen – Schritt für Schritt.

Auf dem Weg zu mehr Gelassenheit: Der Angst begegnen

In diesem Kapitel stellen wir Ihnen unseren Ansatz, Ihrer Angst auf die Spur zu kommen, ihr zu begegnen und die sie auslösenden Imperative aufzulösen, vor.
Wie im Vorangegangenen beschrieben, entsteht Redeangst dadurch, daß Sie sich imperieren, wie Sie selber, Ihre Rede oder aber Ihre Zuhörer und Zuhörerinnen sein müssen oder gerade nicht sein dürfen. Das Ziel ist aufzuhören, sich zu imperieren.

In den folgenden Abschnitten wird es zunächst darum gehen, Ihre Angst unter die Lupe zu nehmen:

— Welche Situationen aktivieren bei mir Redeangst?
— Welche Vorschriften mache ich mir in Redesituationen?
— Wie kann ich mit meinen körperlichen Angstsymptomen umgehen?

Schließlich werden wir Ihnen die Methode des »imperativ-auflösenden Focusing« vorstellen. Mit dieser Methode können Sie aufhören, sich durch innere Vorschriften selbst unter Druck zu setzen.

Beginnen wir mit den äußeren »Angstauslösern«.

Was Redeangst auslöst: Die Angstkulisse

Als erstes möchten wir Sie einladen, Ihren äußeren »Angst-auslösern« auf die Spur zu kommen. Häufig verallgemeinern Frauen ihre Redehemmungen, indem Sie beispielsweise sagen: »Ich bin eben eine stille, zurückhaltende Frau« oder »Ich kann mich einfach nicht ausdrücken.« Bei genauerem Hinsehen stellen Sie aber fest, daß ihre Redeangst mit bestimmten äußeren Bedingungen zusammenhängt.

Das folgende Experiment geht darauf näher ein.

Experiment: »Die Angstkulisse«

Nehmen Sie sich etwas Zeit, machen Sie es sich bequem, schließen Sie, wenn Sie mögen, die Augen und erinnern Sie nacheinander zwei Redesituationen:

1. *Eine Redesituation, in der Sie sich wohl gefühlt haben, in der vielleicht sogar Genuß lag.*
2. *Eine Redesituation, die Ihnen Angst machte, oder in der Sie sich unwohl, angespannt oder nervös fühlten.*

Lassen Sie beide Situationen wie einen inneren Film ablaufen und nehmen Sie wahr, was sich alles mit Ihnen verbindet. Folgende Fragen könnten Sie dabei anregen:

Welche Sprechsituationen haben Sie sich ausgewählt? (Gruppengespräch?/Rede?/Diskussion?/Konfliktgespräch?/ Private bzw. berufliche Situationen?/Prüfung?)

Was können Sie sehen? (Beteiligte Personen?/Anzahl?/Geschlecht?/Position?/ Mimik?/Räumlichkeit?)

Was können Sie hören? (Nebengeräusche?/Andere Stimmen?/Die eigene Stimme?)

Welche Stimmung können Sie wahrnehmen? (Im Raum?/In sich selbst?/Bei den anderen?)

Wie fühlen Sie sich gegenüber den beteiligten Personen? (Gleichberechtigt?/Gleichgültig?/Ablehnend?)

Was wollen Sie mit Ihrem Redebeitrag erreichen? (Gesehen bzw. gehört werden?/Überzeugen?/Beeindrukken?/Etwas bewirken?/Sich selbst behaupten?/Kontakt herstellen?)

In welchem Moment fühlen Sie sich am wohlsten bzw. unwohlsten? (Bevor Sie sprechen?/Währenddessen?/Im nachhinein?/In einem bestimmten Moment?)

Welche von diesen Bedingungen tragen zu Ihrer inneren Reaktion (Angst bzw. Lust) im wesentlichen bei?

Vielleicht ist es Ihnen möglich gewesen, durch diese genauere Betrachtung Bedingungen herauszukristallisieren, die mit dazu führen, daß Sie sich in bestimmten Redesituationen unwohl fühlen, in anderen hingegen gelassen. Welche Faktoren zur Angst beitragen, also, wie die Kulissen für die Redeangst aussehen, ist individuell sehr verschieden.

Lassen Sie uns von den äußeren, angstauslösenden Bedingungen einen Schritt weiter nach innen gehen und wahrnehmen, was in solchen »stressigen« Momenten passiert. Wir möchten Sie im folgenden mit der Methode des »Lauten Denkens« vertraut machen, mit der es möglich ist, sich eigene Gedanken, Einstellungen oder Bewertungen bewußtzumachen.

Der innere Kommentar: Gedanken, die Rednerinnen unter Druck setzen

Ohne, daß wir es bewußt wahrnehmen, läuft in uns meist ein vor sich hin plätschernder Gedankenstrom ab, ein innerer Kommentar, der selbst in alltäglichen Situationen wie Hintergrundgemurmel das eigene Handeln begleitet. Während ich dies schreibe, hört es sich so in mir an: »Der Stift hat eine komische Rille – genau wie meine Zahnbürste –, heute sind die Flugzeuge aber wieder laut – kann man das sagen: ›ein Strom läuft ab‹? – Oh Gott, schon drei Uhr – warum bringe ich die Worte nicht schneller aufs Papier...«
Teilweise sind es banale, assoziative, unwichtige Gedanken – teilweise sehr aufschlußreiche und zentrale innere Sätze, nämlich Imperative, die bei der Entstehung von Angst eine zentrale Rolle spielen.
Das folgende Experiment dient dazu, den eigenen gedanklichen Vorgängen und den darin enthaltenen Imperativen auf die Spur zu kommen:

Experiment: »Laut gedacht«

Versetzen Sie sich noch einmal in eine für Sie unangenehme Redesituation – vielleicht nehmen Sie dieselbe wie bei dem vorigen Experiment, vielleicht eine aktuelle, die Ihnen noch im Gedächtnis präsent ist. Lassen Sie sie wie einen Film vor Ihrem inneren Auge ablaufen und halten Sie den Film genau an der Stelle an, wo Sie ihre Angst bzw. Ihr Unbehagen am deutlichsten spüren. Nun gehen Sie mit Ihrer Aufmerksamkeit einmal in Ihren Kopf: Was melden sich dort für innere Sätze? Hören sie einmal Ihrem inneren Gedankenkommentar zu, der gleichzeitig in Ihnen abläuft und schreiben Sie die Sätze, ohne sie zu bewerten, so wie sie kommen auf ein Blatt Papier, selbst wenn Sie sie belanglos, peinlich oder absurd finden.

Wie in Kapitel zwei bereits beschrieben wurde, können Sie anhand sprachlicher Merkmale erkennen, wann Sie sich etwas imperieren. Neben den deutlichen Formulierungen wie »müßte«, »sollte«, »darf nicht« gibt es weitere Merkmale, die auf Imperative hinweisen. Anhand der folgenden Aufzählung können Sie Ihr Protokoll des vorangegangenen Experiments »Laut gedacht« auf solche Formulierungen hin untersuchen:

So erkennen Sie Ihre Vorschriften – Sprachliche Indikatoren für Imperative

Formulierungen mit Absolutheitscharakter:
»unbedingt«, »absolut«, »keinesfalls«, »total« usw.
Zum Beispiel:
»Heute muß ich *unbedingt* mal wieder den Mund aufmachen!«
»Bei meinem Vortrag ist ja *absolut gar nichts* rübergekommen!«
»Dieser störende Miesmacher hat ja *total* wenig Ahnung!«

Verallgemeinerungen:
»immer«, »alle«, »keiner«, »nie« usw.
Zum Beispiel:
»*Immer* muß der Chef dazwischen reden!«
»*Nie* werde ich gebeten, die Präsentation zu leiten!«
»*Keiner* hat mir wirklich zugehört!«

Bei diesen beiden Kategorien sprachlicher Indikatoren ist bei der Auswertung darauf zu achten, daß nicht jede Aussage, die eine Verallgemeinerung beinhaltet, zwangsläufig imperativisch ist, zum Beispiel: »Alle Studenten müssen eine Prüfung bestehen, um ein Diplom zu bekommen.« In diesem Fall wird lediglich ein bestimmter Sachverhalt festgestellt.

Stark negativ wertende Adjektive:
»schlimm«, »gräßlich«, »katastrophal«, »furchtbar« usw.
Zum Beispiel:
»Oh, es wäre wirklich *furchtbar*, wenn ich morgen beim Vortrag wieder meine Stotteranfälle bekomme!«
»*Schlimm*, daß die immer miteinander tuscheln müssen!«
»Hauptsache, ich vergesse diesen *katastrophalen* Auftritt von heute schnell!«

Religiöse Flüche:
»Um Gottes Willen«, »Zum Teufel«, »Himmelherrgott« usw.
Zum Beispiel:
»*Oh Gott*, kann der denn nicht mal langsamer sprechen!«
»*Himmelherrgott*, wie hieß denn noch die Autorin dieses Buches!«

Schimpfworte:
»Mist«, »verdammt«, »Idiot« usw.
Zum Beispiel:
»Wenn ich diesen *Scheiß* erstmal geschafft habe!«
»Diese *verdammten* Fremdworte, die ich nicht verstehe!«
»Glaubt denn dieser *Idiot*, daß er das besser kann?!«

Sätze mit »hoffentlich...«, hinter denen sich starke Befürchtungen verstecken:
Zum Beispiel:
»Hoffentlich kriege ich die Prüfung glatt über die Bühne!«
»Hoffentlich stellen die nicht wieder so viele Zwischenfragen wie letztes Mal!«

Sätze, an die sich sinngemäß »... und das ist schlimm!« oder
»... und das darf nicht sein!« anschließen läßt:
Zum Beispiel:
»Bloß nicht rot werden! ...das wäre schlimm!«
»Wahrscheinlich bemerkt mich wieder keiner! ...und das
wäre schlimm!«
»Wenn die erstmal merken, wie unsicher ich mich fühle! –
ist das schlimm!«

Sehr direkt stoßen Sie auf Ihre Imperative, wenn Sie sich
fragen: »Was ist das Schlimme in so einer Redesituation für
mich?«

Zunächst also geht es bei der Auflösung der Angst darum auf-
zudecken oder herauszuhören, wo Sie sich selber bestimmte
Vorschriften machen. Im weiteren stellen Sie dann fest, was
Sie sich imperieren. An dieser Stelle möchten wir noch einmal
an den Abschnitt »Eine innere Vorschrift jagt die andere« im
Kapitel über die Imperativtheorie erinnern.
Vielleicht haben Sie bereits einen oder mehrere Imperative
entdecken können. Sie werden feststellen, daß die Vorschrift als solche noch nicht mit einem inneren »Schlimm-
Gefühl« verbunden ist. Erst die Möglichkeit, daß dieser
Imperativ nicht eingehalten werden kann, also quasi verletzt wird, löst dieses innere Empfinden des Unangenehmen
aus. Es passiert also wirklich oder in der Vorstellung, was
nicht sein darf oder umgekehrt, es passiert gerade nicht,
was unbedingt sein soll. Wenn Sie sich also beispielsweise
vor einer Vortragssituation imperieren »Nicht rot werden!« und gleichzeitig sich daran erinnern, daß Sie in Ihren
letzten vier Vorträgen rot geworden sind, wird Ihr inneres
Wissen um die Möglichkeit, daß es auch diesmal passieren
kann, erste kleine Angstanzeichen in Ihnen auslösen. Oder
wenn Sie sich damit unter Druck setzen, »auf alle Fälle
souverän wirken zu müssen«, wird gleichzeitig die Möglichkeit bestehen, daß Sie nicht souverän wirken. Es gäbe

kaum einen Grund, warum Sie es sich sonst imperieren würden.

Hieran wird auch deutlich, daß jeder positiv formulierte Imperativ (»Ich muß souverän sein!«, »Ich muß perfekt sein!«, »Ich muß auffallen!«, »Die anderen müssen mir zuhören!«) gleichzeitig seine Verneinung miteinschließt. Denn, wenn ich souverän sein muß, darf es zugleich nicht sein, daß ich nicht souverän bin. Es darf auch nicht sein, daß ich nicht perfekt bin oder nicht auffalle oder die anderen mir nicht zuhören! So wird deutlich, daß auch hinter positiv formulierten Imperativen ein Vermeidungsverhalten steckt: nämlich das Vermeiden des Schlimmen.

Im weiteren wird es darum gehen, wie Sie wahrnehmen können, was gerade nicht passieren darf. Das heißt, wir werden Ihnen einen Weg aufzeigen, wie Sie der Möglichkeit der Verletzung Ihrer Imperative innerlich begegnen können.

Bevor wir Ihnen hierfür praktische Experimente und Anleitungen geben, werden wir Sie zunächst in die Methode des »Imperativauflösenden Focusing« theoretisch und praktisch einführen. Dabei werden wir Ihnen Experimente vorschlagen, die Ihnen die besondere Art und Weise und die Voraussetzungen der inneren Wahrnehmung des Focusings ermöglichen. Anschließend finden Sie dann aufeinander aufbauende Experimente, die die weitere Erforschung Ihrer Angst und ihre anschließende Auflösung ermöglichen.

Die Methode zum Angstabbau: Imperativauflösendes Focusing

Die Methode des *Focusing* wurde von *Eugene Gendlin* an der Universität von Chicago in den letzten 30 Jahren im Zusammenhang mit seiner Forschung über die Wirksamkeit verschiedener psychotherapeutischer Verfahren entwickelt.

Im Kontext mit der Theorie über Imperative und deren Auflösung, entwickelte *Angelika C. Wagner*[14] ein Vorgehen, das sich an der Methode des Focusing orientierte. Wir wollen Ihnen im folgenden *Focusing* als Methode vorstellen, um dann seine Wirksamkeit bei der Auflösung von Imperativen zu erläutern.

Focusing beschreibt einen inneren Wahrnehmungsprozeß, ein in sich »Hineinlauschen«, »Hineinschauen« oder »Hineinspüren«, das es ermöglicht, eigene Probleme zu klären, besser zu verstehen oder in einem anderen Licht zu sehen. Der »Focus« oder Brennpunkt ist aus der Optik oder Fotografie bekannt als der Punkt, wo ein Objekt scharf abgebildet wird. Im Focusing richten Sie innerlich Ihre Aufmerksamkeit wie einen Scheinwerfer auf den Brennpunkt des Problematischen und versuchen, dieses innere Geschehen »scharf zu stellen«. Dabei geht es nicht um das Begrenzen, Konzentrieren oder Einengen Ihrer Wahrnehmung, sondern um eine ganzheitliche Betrachtung des Wesentlichen.
Wie Sie einen spannenden Film im Kino mit Ihrer Aufmerksamkeit begleiten, können Sie auch Ihre Wahrnehmung nach Innen richten und verfolgen, was Ihr Problem in Ihnen auslöst: Gedanken, Bilder, Gefühle, Körperempfindungen. Neu an dieser Art der Wahrnehmung könnte für Sie die Erfahrung sein, daß trotz so mancher Gedanken und Gespräche über die Ursachen oder die Lösung Ihres Problems, unerwartete Aspekte auftauchen oder spürbar werden, die Sie in diesem Zusammenhang bisher nicht bemerkt haben. Wie in dem Kinofilm, dessen Verlauf Sie nicht kennen und der Sie so neugierig macht, weil Sie mit einer bestimmten Wendung oder einem Ausgang nicht rechnen, könnte es Ihnen im Focusing ergehen. Das Erstaunliche ist, daß Sie auf diesem Wege innere ausgetretene Gedankenpfade, die Sie wiederholt in die Sackgasse geführt haben, verlassen können.

So können sich wie bei einer Seminarteilnehmerin in einem Focusingprozeß neue Erkenntnisse entfalten, die direkte Auswirkungen auf die Einstellung zu sich selbst haben.

Ihr Problem war, daß sie trotz ihrer nach außen selbstsicheren und souveränen Ausstrahlung innerlich »tausend Tode starb«, wenn sie gegenüber Autoritätspersonen – und das waren in ihrem Beruf als Werbegraphikerin meist Männer – offen Forderungen oder eine konträre Meinung vertrat. In ihren Analysen war sie zu der Erklärung gekommen, daß sie einfach Angst hatte, in ihren Leistungen nicht anerkannt zu werden, obwohl diese durch beste Zeugnisse belegt waren. Und doch hatte dieses Ergebnis ihres Nachdenkens ihr innerlich nicht ausgereicht. Im Focusing zeigte sich dann der eigentliche Punkt, der sie im Zusammenhang mit Autoritätspersonen verunsicherte: Sie hatte das Gefühl, neben diesen Männern als Frau zu groß zu sein – zu groß an Körpergröße, denn mit 185 cm überragte sie viele Männer und auch zu groß an Kompetenz. Ihre Vorstellung war, daß sie in dieser Weise als Frau Männern nicht überlegen sein durfte, weil sie dann Gefahr lief, nicht als Frau, sondern nur als Konkurrentin angesehen zu werden. Mit dieser Erkenntnis entdeckte sie einen neuen Aspekt ihres Problems. Sie imperierte sich: »Ich darf als Frau nicht groß und Männern überlegen sein!« In ihrer Selbsterkundung kam sie damit einen Schritt weiter und konnte sich in neuem Licht sehen.

Das Zentrale im Focusing ist nicht, wie üblich, das Problem von allen Seiten zu durchdenken und zu »zerkauen«, sondern für einen Moment damit aufzuhören und sich die Zeit zu nehmen, die Aufmerksamkeit nach innen in Ihren Körper zu wenden. Wenn Sie sich diese Ruhe gönnen, wird sich zu Ihrem Problem oder der Sache, auf die Sie in dieser besonderen Weise Ihre Aufmerksamkeit richten, ein anfangs vielleicht noch vages, nicht mit Worten benennbares Empfinden einstellen. Häufig wird dieses zunächst als diffuse Ahnung (zum Beispiel als ziehend, drückend, zitternd, mulmig oder ähnliches) im Bauch- und Brustraum wahrgenommen. Diese oft noch undeutlich wahrnehmbare Empfindung oder Qualität, die fühlbar oder auch innerlich sichtbar im Zusammenhang mit Ihrem Problem steht, hat *Gendlin* als »felt-sense« (gefühlte Bedeutung) bezeichnet.

An diese vage Empfindung, an den »felt-sense«, können Sie nun Fragen richten, zum Beispiel: »Wie fühlt sich dieses ›Zittern‹ an?« »Wo spüre ich dieses ›Drückende‹ am stärksten?« »Was ist so ›mulmig‹ an dieser Sache?« usw. Mit ein wenig Geduld entstehen aus dieser ersten »Resonanz« auf Ihr Problem oder Thema Worte, Bilder oder Erinnerungen. Es braucht Zeit – vielleicht einige Minuten –, bis Sie diese innere Empfindung benennen können, ohne auf die Ihnen »im Kopf« schon bekannten und oft fertigen Gedanken zurückzugreifen und wieder in die alte Sackgasse zu geraten.

Noch einmal: Wichtig – und meist neu – ist im Focusing, daß wir nicht schon vorher zu wissen meinen, was dabei herauskommen wird, wenn wir uns mit unserem Problem beschäftigen, sondern daß wir unser eigenes Erleben wahrnehmen, ohne es wissentlich in eine Richtung zu verstärken oder zu beeinflussen. So entfalten sich häufig unbekannte oder verdrängte Aspekte und Qualitäten unseres Problems – oder wir erleben bewußt Gefühle, die wir für gewöhnlich eher umgehen.

Bevor wir nun in weiteren Erklärungen der Methode fortfahren, möchten wir Ihnen an dieser Stelle die erste Gelegenheit bieten, Focusing praktisch auszuprobieren. Dabei haben wir im nachfolgenden Experiment ein Thema gewählt, das nicht mit Ihrer Redeangst im Zusammenhang steht. Es geht zunächst einmal darum, daß Sie eine Erfahrung mit Ihrem »felt-sense« machen können. Sie können den Unterschied erleben, was es heißt, über eine Sache nachzudenken oder aber *Focusing* zu machen.

Für diese wie auch für die folgenden Anleitungen machen wir Ihnen den Vorschlag, die Anweisung auf einen Kassettenrecorder zu sprechen, damit Sie nicht während der Übung die Augen öffnen müssen, um den Text zu lesen. Dabei ist es wichtig, langsam zu sprechen und besonders vor den Spiegelstrichen, die in der Anleitung jeweils einen weiterführenden Schritt einleiten, eine Pause zu machen. Versuchen Sie Ihr eigenes Sprechtempo und Ihre Pausenlängen zu finden.

Experiment: »Die Geburtstagsübung«

— *Nehmen Sie sich für dieses Experiment ungefähr 15 Minuten Zeit.*

— *Beginnen Sie damit, es sich so bequem wie möglich zu machen, vielleicht in Ihrem Lieblingssessel, und kommen Sie ein wenig zur Ruhe, indem Sie die Augen schließen und für den Moment nichts weiter tun, als auf Ihren Atem zu achten. Erlauben Sie den Gedanken, die Ihnen jetzt möglicherweise durch den Kopf gehen, weiterzuziehen wie kleine weiße Wolken am Himmel, und nehmen Sie Ihren Atem wahr.*
Wo können Sie Ihren Atem spüren? Vielleicht merken Sie, wie die Luft durch Ihre Nase ein- und ausströmt und wie sich Ihre Bauchdecke hebt und senkt. Nehmen Sie wahr, wie Sie von alleine ein- und ausatmen, ohne daß Sie Ihren Atem beeinflussen. Bleiben Sie ruhig eine Zeitlang bei Ihrem Atemstrom und Ihrem Atemrhythmus.
Wenn Sie sich innerlich ruhiger und entspannter fühlen, nehmen Sie zwei tiefe Atemzüge und folgen Sie unserem kleinen Focusing-Experiment.

— *Versuchen Sie einmal zu folgender Situation innerlich Kontakt aufzunehmen: Heute ist Ihr Geburtstag. Lassen Sie Bilder, Erinnerungen, Geräusche, Gefühle oder Körperempfindungen sich entfalten, die sich mit »Geburtstag haben« für Sie verbinden. Nehmen Sie das wahr, was sich da so zeigt. Nehmen Sie sich Zeit mit Ihrer Aufmerksamkeit nach innen, in Ihren Bauch- und Brustraum zu lauschen, zu spüren, zu schauen. Warten Sie ab, wie in Ihnen eine Empfindung entsteht – vielleicht zunächst noch vage*

82

– die »Geburtstag haben« als Ganzes beschreibt. Fragen Sie sich: »Wie ist es eigentlich für mich, Geburtstag zu haben?«

— Wenn Sie geduldig warten und sich nicht zu etwas Bestimmten zwingen, können aus dem vagen Empfinden allmählich beschreibbar ein Bild oder Worte entstehen. Sie können körperlich spüren, ob das Gefundene paßt, so als ob Ihr ganzer Körper (und nicht der Kopf allein) »ja« sagt: »Ja, so ist es für mich, Geburtstag zu haben.«

— Es mag sein, daß Sie gerade jetzt zu dem Thema Geburtstag etwas gefunden haben, was Sie nicht erwartet hätten, was Sie erstaunt oder verwirrt. Versuchen Sie dieses Neue oder vielleicht auch das Altbekannte, was Sie soeben erfahren haben, anzunehmen und zu »begrüßen«: »So ist es.«

— Um dieses kleine Experiment abzuschließen, richten Sie Ihre Aufmerksamkeit wieder auf Ihren Atem und begleiten ihn eine für Sie angenehme Zeit lang.

— Nehmen Sie sich soviel Zeit, wie Sie brauchen, bis Sie wieder die Augen öffnen und so langsam wieder von der inneren Wahrnehmung nach außen kommen.

Nach diesem Experiment, in dem Ihnen die Qualität eines Focusing-Prozesses im Gegensatz zum Analysieren einer Sache vielleicht schon deutlich wurde, wollen wir einen Schritt weitergehen.

Die Erfahrung, bewußt Gefühle zu erleben, die Sie normalerweise eher nicht wahrnehmen (wollen), wird im Focusing möglich. Gleichzeitig entscheiden Sie, wieviel Sie erfahren wollen, indem Sie Ihre innere Aufmerksamkeit auf Ihr Thema richten und »scharf stellen«.
Diese Aspekte des Focusing sind für das weitere Vorgehen bedeutend, weil wir Sie gezielt auf Imperative und deren

Auflösung hin nutzen. Wie wir mehrfach beschrieben haben, sind Imperative an der Entstehung von Angst wesentlich beteiligt. Hieraus ergibt sich die Frage: Wie kann ich aufhören, mir innerlich Vorschriften zu machen? Die Antwort lautet: Indem ich aufhöre, die Wahrnehmung unangenehmer Gefühle oder ungeliebter Seiten meiner Person innerlich wegzuschieben.

Sie können dies tun, indem Sie in einem Focusing auf Ihre Imperative achten und innerlich all die Gefühle, Bilder und Empfindungen wahrnehmen, die sich mit der Möglichkeit der Verletzung Ihrer Vorschriften verbinden.

So haben wir diese besondere, zielgerichtete Art des Focusing als *Imperativauflösendes Focusing* bezeichnet.

Also:

Imperativ	Imperativauflösendes Focusing
»Ich darf nicht rot werden!«	Gefühle, Bilder, Gedanken usw., die mit dem Rotwerden zusammenhängen, innerlich wahrnehmen.
»Ich muß perfekt sein!«	Der Möglichkeit, »nicht-perfekt-zu-sein«, innerlich ins Auge sehen, in sich hineinspüren, wie es ist, nicht perfekt zu sein.
»Ich muß geliebt werden!«	Wahrnehmen, welche Gefühle, Bilder usw. sich mit der Vorstellung Nicht-geliebt-zu-Werden verbinden.

Diese »nicht-imperativische Wahrnehmung« können Sie lernen. Bevor wir aber noch tiefer einsteigen und die Bedingungen und Voraussetzungen hierfür beschreiben, möchten wir in einem Beispiel zeigen, wie sich ein solcher *imperativauflösender Focusing-Prozeß* zum Thema Redeangst entwickeln kann.

Ein Fallbeispiel – was Klara beim Reden angst macht

Klara, eine Studentin, hatte große Angst vor einer ihr unbekannten Gruppe längere Zeit unvorbereitet sprechen zu müssen. In den letzten Monaten hatte sie zunehmend öfter vermieden, sich einer derartigen Situation überhaupt auszusetzen. Sie bemerkte gleichzeitig, daß sich ihr anfangs unangenehmes Gefühl langsam mehr und mehr zu einer inneren Panik steigerte. Allein die Vorstellung, vor einer Gruppe zu sprechen, löste bei ihr starkes Herzklopfen aus. Klara wollte aus dem Teufelskreis heraus und nahm sich vor, ihre Angst genauer anzuschauen. Sie setzte sich auf ihr Sofa, entspannte sich und nahm sich ein halbe Stunde Zeit, *Imperativauflösendes Focusing* zu machen. Sie schloß ihre Augen und ließ vor ihrem inneren Auge eine Redesituation entstehen, die sie in der letzten Woche erlebt hatte.

Sie sah die Situation deutlich vor sich: Uni-Alltag, überfüllter Seminarraum, die Luft ist zum Schneiden, ein Referat wurde gehalten. In ihr wächst der Mißmut, sie ist mit der Referentin nicht einer Meinung, sie hat Gegenargumente, die Diskussion beginnt. Sie möchte sich melden, ihren Einwand vorbringen, ihre Fragen stellen. Während die anderen diskutieren, schnappt sie zweimal nach Luft, macht noch einen Anlauf, doch ihr Hals ist wie zugeschnürt, dann gibt sie auf. Da spricht eine andere Studentin genau den Aspekt an, den sie auch nennen wollte. Der Beitrag wird interessiert aufgenommen, von vielen bekräftigt und gibt der Diskussion eine konstruktive Wende. Sie selbst sitzt zusammengesackt auf ihrem Stuhl, die Angst hat sich in Ärger verwandelt, Ärger darüber, daß sie es wieder einmal nicht übers Herz gebracht hat, den Mund aufzumachen.

Klara wollte ihrer Angst vorm Sprechen näher auf den Grund gehen und ging in ihrer Vorstellung zu dem Moment zurück, wo ihre Angst am größten war: da wo sie Luft holte, doch ihr Hals wie zugeschnürt war. Sie hielt den Film ihrer Erinnerung vor ihrem inneren Auge an dieser Stelle an und verweilte mit ihrer Wahrnehmung bei ihrem unangenehmen Gefühl. Es war, als ob ein dicker Kloß in ihrem Hals saß. Es kam ihr vor, als ob in ihrem Bauch all die bunten, klugen und frechen Gedanken wie Sekt sprudelten und in ihrem Hals ein dicker Korken saß, der nichts davon durchließ. Im weiteren Focusingprozeß sah sie sich den Korken genau an, spürte und lauschte in ihn hinein. Er saß fest in ihrem Hals, als würde er sagen: »Bloß nichts rauslassen!« Als Klara dies bewußt wurde, nahm der Druck in ihrem Hals etwas ab. Sie war neugierig geworden und wollte mehr über ihre Angst wissen. Sie fragte sich innerlich: »Was wäre das Schlimme daran, etwas rauszulassen?« und sie stellte sich vor, sie hätte ihre Meinung gesagt, ihre Kritik geäußert. Diese Vorstellung war von einem unangenehmen Gefühl begleitet, das sich zu einem Bild formte: Sie sah, wie die anderen Studenten sie auslachten, mit den Fingern auf sie zeigten und es war ihr, als schrumpfe sie zusammen. Sie fühlte sich wie ein schrumpfender Luftballon, aus dem die Luft herausgelassen wurde, fühlte sich kleiner und kleiner werdend. Da tauchte eine alte Erinnerung auf, die sie schon fast vergessen hatte: Sie sah sich als kleines Mädchen vor der Klasse stehen und alle lachten sie aus, weil sie beim Erzählen plötzlich nicht weiterwußte. Klara nahm das alte Gefühl ganz lebendig wahr, fühlte sich ebenso allein und bloßgestellt wie damals. Sie erkannte in diesem Gefühl den Kern ihrer Angst, dem sie immer auszuweichen versucht hatte. Sie blieb bei diesem Erleben, zwei Minuten, fünf Minuten und nahm wahr, wie das Unangenehme langsam weniger wurde. Klara entschied sich den Prozeß fürs erste an dieser Stelle zu beenden und zu einem späteren Zeitpunkt dieser alten Wunde in sich erneut ihre Aufmerksamkeit zu schenken. Sie nahm ein paar tiefe Atemzüge, öffnete ihre Augen, ruhte sich noch etwas aus und ließ das Erlebte innerlich sacken.

Diese Darstellung sollte Ihnen einen Eindruck vermitteln, wie der Weg eines solchen inneren Wahrnehmungsprozesses verlaufen kann. Wir möchten Ihnen die Methode im folgenden mit einigen zusätzlichen Informationen noch verständlicher machen. Zunächst werden wir in einer Übersicht die verschiedenen Phasen eines Focusing-Prozesses zur Auflösung von Imperativen darstellen und anhand des Fallbeispiels kommentieren.

Weg der Imperativauflösung – der Prozeßverlauf

Phase I: *Beschreibung und Vorstellung der problemati-*
             schen, schwierigen, unklaren Situation
             In dieser Phase geht es darum, eine möglichst
             lebendige Vorstellung von der problematischen
             Situation zu entwickeln und sie sich plastisch
             vor dem inneren Auge vorzustellen. In welchen
             Situationen begegnet mir meine Angst eigent-
             lich? Was ist für mich schwierig?
             Im Beispiel: Für Klara ist es das unvorbereitete
             Sprechen vor großen Gruppen, und sie stellt
             sich so eine Situation aus ihrem Uni-Alltag vor.

Phase II: *Imperative erkennen und konstatieren*
             Hier machen Sie sich auf die Suche nach der
             oder den inneren Vorschriften, die in einer sol-
             chen problematischen Situation aktiviert wer-
             den. Womit setze ich mich unter Druck? Was
             darf auf keinen Fall passieren?
             Im Beispiel: Klara findet heraus, daß ihr die
             Vorschrift: »Ich darf nichts rauslassen!« wie ein
             Korken im Hals steckt.

Phase III: *Imperativverletzung wahrnehmen*
             In dieser Phase stellen Sie sich vor, daß der zuvor
             gefundene Imperativ verletzt wird, also daß ge-
             nau das eintritt, was nicht eintreten darf. Sie las-
             sen innerlich die mögliche Verletzung eines Im-
             perativs zu und nehmen wahr, was dies in Ihnen
             auslöst.
             Im Beispiel: Klara stellt sich vor, ihre Meinung
             und Kritik öffentlich auszusprechen, also etwas
             »rauszulassen«.

87

Phase IV:	*Die Frage nach dem Schlimmen*

Mit der Frage nach dem Schlimmen, dem Unangenehmen an der Situation, nehmen Sie in dieser Phase Kontakt auf mit den Gefühlen, Bildern und Empfindungen, die durch den Imperativ innerlich weggeschoben wurden.

Im Beispiel: Bei der Frage nach dem Schlimmen hat Klara plötzlich die Vorstellung, von den Studenten in ihrem Seminar ausgelacht zu werden.

Phase V:	*Entfalten und Verweilen*

Die Bilder, Körperempfindungen und Gefühle, die sich mit dem Schlimmen verbinden, entfalten sich. Sie schauen sie an, horchen und spüren in sie hinein. Dabei kann es sein, daß sie sich entwickeln und verändern.

Im Beispiel: Klara schrumpft bei der Vorstellung, daß die anderen über sie lachen, immer mehr zusammen. Sie hat das Bild eines Luftballons, aus dem die Luft herausgeht. Plötzlich erinnert sie sich an ihr traumatisches Schulerlebnis, als sie von ihren Mitschülern ausgelacht wurde.

Phase VI:	*Zentrieren*

In dieser Phase spüren, horchen und lauschen Sie in den Kern des Schlimmen hinein. Was ist eigentlich für mich das Zentrale an dieser Situation? Was ist der Kern des Schlimmen? Lassen Sie auch hierfür ein Bild oder ein Wort aus Ihrem Erleben aufsteigen und verweilen Sie wiederum dabei.

Im Beispiel: Klara empfindet noch einmal die unangenehmen Empfindungen von damals nach und erkennt in dem Gefühl, allein und bloßgestellt zu sein, den Kern ihrer Angst. Sie bleibt mit ihrer Wahrnehmung solange bei dem Unangenehmen, bis es langsam abnimmt.

Der in der letzten Phase auftauchende tieferliegende Imperativ kann Ausgangspunkt einer neuen Runde sein, in der man aufs neue damit beginnt wahrzunehmen, was sich mit der Verletzung dieses Imperativs verbindet (vgl. Phase III).

Die beschriebenen Phasen lassen sich während eines lebendigen Focusingprozesses nicht so deutlich trennen, unabhängig davon, ob Sie Focusing für sich alleine machen oder eine andere Person – zum Beispiel während einer Beratung – Sie unterstützt und begleitet. Oft wird der Prozeß unterbrochen, weil es nicht mehr möglich ist, innerlich bei der Wahrnehmung des Unangenehmen und Problematischen zu bleiben. Wenn Ihnen dies während Ihres Focusings so ergeht, können Sie sich entscheiden, entweder aufzuhören oder einen Schritt zur vorangegangenen Phase des Prozesses zurückzugehen und dort von neuem zu beginnen, wo Sie innerlich in gutem Kontakt mit Ihrem Thema sind.

Die zentrale Frage beim *Imperativauflösenden Focusing* ist: »Was ist das Schlimme an dieser Sache, an diesem Gefühl?« Versuchen Sie die Antwort nicht im Kopf zu konstruieren, sondern nehmen Sie das Unangenehme, den Kern des Schlimmen innerlich wahr. Diese Frage unterstützt den Prozeß aufzuhören, sich Vorschriften zu machen. Wäre beispielsweise Ihre Vorschrift, »Ich darf nicht versagen«, würde die Frage lauten: »Was ist das Schlimme für mich daran zu versagen?« Innerlich würden Sie für einen Moment aufhören sich zu imperieren, nicht versagen zu dürfen, um wahrzunehmen, wie es wäre zu versagen. Sie würden den damit verbundenen Bildern, Gefühlen und Empfindungen Aufmerksamkeit schenken. Damit können der innere Druck und die Angespanntheit anfangen sich aufzulösen.

Um diesen Prozeß der ganzheitlichen Wahrnehmung innerlich zuzulassen, ist es für Sie hilfreich, die im folgenden beschriebenen Voraussetzungen, die als äußere und innere Hilfen verstanden werden können, zu berücksichtigen.

Das unterstützende innere Klima – und wie Sie es herstellen können

Wenn Sie sich entscheiden, Focusing zu machen, zum Beispiel mit Hilfe der Anleitung auf S. 107 ff., ist es sinnvoll, die folgenden vier Voraussetzungen zu beachten, die für den inneren Wahrnehmungsprozeß von Bedeutung sind:
– Freiraum schaffen
– Innere Achtsamkeit
– Offene Neugierde
– Richtiger Abstand

Es braucht einen ungestörten Raum, genügend Zeit und gute Bedingungen, um sich nach innen wenden zu können. Wie Sie diese herstellen können und wo mögliche Ursachen zu finden sind, wenn Focusing »nicht klappt«, erfahren Sie im folgenden.

1. Bevor es losgeht – Freiraum schaffen

Freiraum zu schaffen bedeutet, sich gute Bedingungen, äußerlich und innerlich, herzustellen, um die Aufmerksamkeit nach Innen zu wenden und sich mit der Redeangst beschäftigen zu können.
Sie können Focusing überall dort machen, wo Sie für eine Zeit ungestört sind und sich wohl fühlen. Achten Sie auf folgende Faktoren:

– Sind Sie für die nächste Zeit ungestört? Können Sie dafür sorgen, daß Sie ungestört sind? (zum Beispiel Tür zu, Telefon leise, Zettel mit »Bitte nicht stören« usw.)
– Gibt es Geräusche oder Lärm, der Sie stört? Können Sie diese Störungen beseitigen oder die Situation verbessern? (Wenn nicht, hilft es manchmal, diesen Geräuschen ein wenig zuzuhören, ihnen wie einer Symphonie zu lauschen und in der Vorstellung schließlich an einem Regler die Lautstärke, wie bei einem Radio langsam leiser zu drehen

und in sich, in den Körper hineinzulauschen, zum Beispiel auf den Herzschlag oder den Atem.)

— Ist die Temperatur angenehm? Können Sie sie gegebenenfalls regulieren? Brauchen Sie vielleicht noch eine Decke? Wollen Sie sitzen oder liegen? Können Sie es sich noch bequemer machen?

Um mit dem *Imperativauflösenden Focusing* zu beginnen, ist es günstig, mögliche »Störungen« zu beseitigen. Dem, was sich nicht verändern läßt, widmen Sie eine Zeitlang Ihre besondere Aufmerksamkeit, wie oben bei den störenden Geräuschen beschrieben. Trotz dieser guten Vorsorge ist es natürlich möglich, daß Sie während Ihres Focusing-Prozesses bemerken, daß etwas stört: Sie frieren zum Beispiel oder Ihre Körperhaltung ist Ihnen unbequem geworden. Sorgen Sie dann dafür, daß Sie es sich so einrichten, daß es Ihnen wieder angenehm ist und Sie sich Ihrem Thema widmen können.

Wenn der äußere Freiraum so gut als möglich geschaffen ist, können Sie sich daran machen, *innerlich Freiraum* zu schaffen, wenn dies nötig ist. Sie können auch innerlich gute Bedingungen herstellen – quasi das gute Klima –, um Focusing zu machen. In der Vorstellung kommt dieses einem inneren Sortieren gleich, als ob Sie eine alte Rumpelkammer, wo sich so einiges angesammelt hat, einmal aufräumen und das, was sich so findet, in Regalen verstauen oder auch mal Überflüssiges in den Müll schmeißen.

Innerlich »Platz schaffen« können Sie auch, indem Sie sich fragen:

— Habe ich körperliche Verspannungen oder Schmerzen, die meine Aufmerksamkeit beanspruchen?

— Wenn sich diese möglichen Verspannungen oder körperlichen Schmerzen nicht durch äußere Veränderungen, beispielsweise der Haltung, beheben lassen, geben Sie diesen Empfindungen Aufmerksamkeit, indem Sie bewußt (mit Hilfe Ihrer Vorstellung) an den Ort der Verspannung

91

hinatmen oder, wenn es möglich ist, zur Unterstützung dort ihre Hand hinlegen!

— Gibt es irgendwelche kreisenden Gedanken, die ich im Moment noch nicht loslassen kann?

Gerade zu Beginn eines Prozesses kann es schwer sein, Kontakt mit dem Thema aufzunehmen. Vielleicht gehen Ihnen Dinge durch den Kopf, mit denen Sie sich gerade zuvor beschäftigten oder die Sie noch zu erledigen haben. Nehmen Sie diese Gedanken wahr, halten Sie sie aber nicht fest oder fangen an, sie zu durchdenken. Lassen Sie sie innerlich an sich vorbeiziehen. Manchmal können Vorstellungen dabei helfen: Stellen Sie sich vor, auf einer Brücke zu stehen, unter der ein Fluß fließt. Auf diesem Fluß schwimmen Blätter. Lassen Sie Ihre Gedanken wie diese Blätter an Ihnen vorbeiziehen oder setzen Sie Ihre Gedanken auf kleine Wolken, die am Himmel weiterziehen.

— Schwieriger kann es mit problematischen Gedanken oder Gefühlen sein, die neben Ihrer Redeangst für Sie von Bedeutung sind und die Ihnen bewußt werden, wenn Sie in der beschriebenen Weise zur Ruhe kommen. Es gibt nun zwei Möglichkeiten: Sie können entscheiden, sich zuerst mit diesen Dingen zu beschäftigen. Oder Sie versuchen, innerlich einen guten Abstand zu schaffen, indem Sie diese Themen für den Moment zur Seite stellen. Dies können Sie in Ihrer Vorstellung zum Beispiel mit folgendem Bild tun: Verpacken Sie die gerade auftauchenden Probleme oder Gedanken und Gefühle, die mit Ihrer Redeangst direkt nichts zu tun haben, einzeln in Pakete, Säcke, Tresore oder ähnliches. Sie können die »Pakete« dann besonders gut verschnüren und in der Vorstellung in das hinterste Regal im Keller legen oder vor die Tür stellen, um diese Dinge für den Moment los zu sein. Verstauen Sie diese »verpackten Probleme« mit dem Wissen, daß Sie Ihnen nicht weglaufen und Sie sich mit ihnen zu einem späteren Zeitpunkt beschäftigen können.

Auch wenn während Ihres Focusing-Prozesses Ihre Gedanken abschweifen oder Ihnen welche »dazwischen« kommen, die mit Ihrem Thema direkt nichts zu tun haben, verfahren Sie wie eben beschrieben und kehren zu Ihrem Focusing-Thema zurück.

2. Innere Achtsamkeit

Wenn der äußere und innere Freiraum stimmt, können Sie sich Ihrem inneren Erleben zuwenden. Im Focusing gehen Sie anders mit einem Problem um als üblicherweise: Sie durchdenken es nicht, analysieren nicht die Ursachen, erklären keine Zusammenhänge sondern stellen sich das Problem vor und nehmen wahr, was in Ihnen spürbar wird. Das braucht Zeit, denn der Körper ist nicht so schnell wie der Kopf. Warten Sie ab, stellen Sie sich innerlich die Frage »Wie ist das ganze Problem für mich?« und seien Sie innerlich achtsam.

Innerlich achtsam sein heißt, die Aufmerksamkeit durch Ihre Sinne nach innen, in Ihren inneren Erlebensraum zu richten: nach innen zu schauen, nach innen zu spüren, zu horchen, zu fühlen, zu schmecken usw. Dieses Herangehen mag Ihnen zunächst sehr fremd sein, zumal Sie es vielleicht nicht gewohnt sind, Ihren Körper als einen Raum zu erfahren, der mit Bildern, Empfindungen und Gefühlen auf äußere Ereignisse oder Fragen reagiert. Wir werden Ihnen im Anschluß an diese Darstellung ein Experiment vorschlagen, daß Ihnen mit ein wenig Übung diese Erfahrung ermöglicht.

Die Aufmerksamkeit nach innen zu wenden, um Ihr inneres Erleben bewußt wahrzunehmen, ist im Grunde eine einfache Tätigkeit, die Sie nicht zu lernen brauchen, sondern wiederentdecken können. Bei Kindern ist diese Fähigkeit, beim Spielen oder Malen ihre »innere Welt« wahrzunehmen und auszudrücken, noch gegeben. Als Erwachsene verlernen wir dies meist in dem Maße, wie wir versuchen, unsere Empfindungen anderen und uns selbst gegenüber zu kontrollieren. Innerlich achtsam sein heißt wahrzunehmen, was ist.

Der Begriff Achtsamkeit könnte in diesem Zusammenhang mißverständlich sein, weil unter Achtsamkeit auch etwas Angestrengtes, etwas besonders Aufmerksames, Suchendes, so etwas wie »Hab acht!« verstanden werden könnte. *Agnes Wild-Missong*[15] bezeichnet diese Grundhaltung deshalb mit dem Begriff »schwebende Aufmerksamkeit«, der diese Focusinghaltung eher als etwas Ungerichtetes, Absichtsloses charakterisiert, als Bereitschaft, das, was Bestandteil unseres inneren Erlebens ist, sich entfalten zu lassen, ohne zielgerichtet danach zu suchen.

3. Offene Neugierde

Der Focusing-Prozeß nimmt seinen eigenen Weg, der nicht vorhersehbar oder bestimmbar ist. Ergebnisfixiertes, zielgerichtetes Vorgehen und inquisitorisches Eindringen lassen diesen Wahrnehmungsprozeß nicht entstehen. Focusing setzt die Bereitschaft voraus, einen unbekannten Weg zu gehen, ohne daß dieser mit dem Kopf vorherzubestimmen wäre. Focusing ist ein Geschehenlassen und erfordert Geduld, Neugierde und Vertrauen. Vielleicht bemerken Sie, daß sich während des Focusing Prozesses Gedanken dazwischenschieben, wie z.B.:

> »Das sind ja langweilige Bilder!« oder
> »Ich merk' gar nichts, nun stell' ich mir die Situation
> vor und nichts passiert!« oder
> »Das muß sich doch jetzt schlimm anfühlen, und
> da ist nur so ein leichtes Ziehen im Bauch...«

Dann haben Sie die Haltung der »Offenen Neugierde« verlassen und fangen an zu bewerten, sich unter Druck zu setzen und neue Vorschriften aufzustellen. Diese Gedanken stören den Wahrnehmungsprozeß, weil sie das, was ist, verändern wollen.

Hilfreich in solchen Momenten ist es, sich der Gedanken bewußt zu werden, ihnen einen Moment zuzuhören und festzustellen: »Aha, jetzt werde ich ungeduldig«, um dann wieder offen zu sein für das, was ist. Wenn Sie es von sich kennen, daß Sie sich unter Druck setzen, etwas Besonderes produzieren zu müssen, kann es für Sie auch entlastend sein, den Focusing Prozeß mit folgender Einstellung zu beginnen: »Ich muß jetzt nichts! Ich spüre, wie es sich anfühlt, nichts zu müssen: nirgends ankommen zu müssen, nichts herausfinden zu müssen, nichts leisten zu müssen. Ich muß jetzt nichts! Ich spüre wie sich das gute Gefühl, nichts zu müssen, in mir ausbreitet und ich merke, wie ich gleichzeitig offen und neugierig bin auf das, was sich zeigen mag.«

Zum Ausprobieren der beiden Haltungen »Innere Achtsamkeit« und »Offene Neugierde« laden wir Sie zu folgendem Experiment ein, bei dem es darum gehen wird, Ihren Körper als Erlebensraum kennen- und wahrnehmen zu lernen.

Wir schlagen Ihnen wieder vor, die Anleitung für das folgende Experiment auf einen Cassettenrecorder aufzunehmen. Machen Sie bei der Aufnahme genügend Pausen, so daß Sie später während Ihres Prozesses ausreichend Zeit haben. Die Fragen in der Anleitung sind mehr als Hilfen zur Entfaltung Ihres inneren Erlebens und Ihrer Wahrnehmung gedacht und weniger als Herausforderung, sie präzise zu beantworten.

Experiment: »Körperräume spüren«

– *Lehnen Sie sich innerlich wieder zurück. Nehmen Sie sich ca. 30 Minuten Zeit, um dieses Experiment durchzuführen. Machen Sie es sich im Liegen oder Sitzen bequem und stellen Sie sich innerlich auf dieses Experiment ein, indem Sie Ihren Atem eine Zeitlang begleiten.*

– *Erkunden Sie nun einmal, ob Sie das Atmen auch im Bauchraum spüren. Als Unterstützung können Sie Ihre Hände auf Ihren Bauch legen und in Ihrer Vorstellung zu den Händen hinatmen. Ihre Bauchdecke hebt und senkt sich fühlbar.*

Begeben Sie sich nun mit Ihrer Aufmerksamkeit mit je-
dem Ausatmen ein wenig mehr in Ihren Bauchraum.
Vielleicht ist Ihnen das Bild, Stufe für Stufe dorthin hin-
abzusteigen, hilfreich.

— *Nehmen Sie Ihren Bauchraum einmal als Raum wahr.*
Wie fühlt es sich dort an? Wie sieht es dort aus? Gibt es
in Ihrem Bauchraum einen Ort, der sich besonders ange-
nehm oder unangenehm anfühlt? Wie ist es dort so insge-
samt? Gibt es Gedanken, Gefühle oder vielleicht Farben,
die hier entstehen?
Lassen Sie sich von Ihrer Wahrnehmung führen und neh-
men Sie sich einige Minuten Zeit dafür.

— *Verabschieden Sie sich nun von Ihrem Bauchraum, achten*
Sie wieder auf Ihren Atem und atmen Sie in Ihren Brust-
raum. Legen Sie Ihre Hände auf Ihre Brust und nehmen Sie
wahr, wie sich die Hände leicht heben und senken. Richten
Sie Ihre Aufmerksamkeit nun in diesen Körperraum. Wie
ist es hier? Wie fühlt es sich an? Wie schaut es hier aus? Sei-
en Sie neugierig darauf, auch diesen Raum zu erkunden.
Nehmen sie sich genügend Zeit, ihn entdecken zu können.

— *Wenden Sie sich nun Ihrem Hals zu und versuchen Sie*
einmal, den Hals von innen als Raum zu erfahren.
Spüren Sie, wie der Atemstrom hier durchfließt? Viel-
leicht können Sie in Ihrer Vorstellung in Ihren Hals
atmen. Schauen Sie sich auch hier um, fühlen Sie, wie
es sich anfühlt oder lauschen Sie, was es hier zu hören
gibt. Wie ist es so in Ihrem Hals? Gibt es hier Gefühle,
Farben oder Klänge?

— *Beenden Sie dieses Experiment, indem Sie Ihren Atem*
wahrnehmen und Ihren Körper noch für einen Moment
als Ganzes spüren. Spüren Sie, wie Sie jetzt sitzen oder
liegen. Sie können nun langsam mit Ihrer Aufmerksam-
keit wieder nach außen gehen. Nehmen Sie sich Zeit da-
für. Beginnen Sie damit, auf die Geräusche zu lauschen,

vielleicht auch einmal bewußt den Geruch des Raumes zu riechen, und öffnen Sie dann langsam die Augen, um sich wieder umzuschauen und zu orientieren.

Vielleicht war es Ihnen möglich, die beiden Grundhaltungen »Innere Achtsamkeit« und »Offene Neugierde« in diesem Experiment praktisch zu erfahren. Sie konnten möglicherweise Ihren Körper als Raum erfahren und dort Gefühle, Bilder, Klänge oder Körperempfindungen entdecken, deren Wahrnehmung Sie nicht vorher beabsichtigt haben.

Die dritte Grundhaltung, die wir nun beschreiben, hat sich wahrscheinlich im Experiment bei Ihnen automatisch eingestellt. Sie hat meist größere Bedeutung, wenn Sie sich in einem Focusing-Prozeß mit problematischen Themen beschäftigen.

4. Richtiger Abstand

Hierbei geht es um die richtige innere Distanz zwischen Ihnen und Ihrem Problem. Weder ein Versinken im Problem, ein Hineinsteigern in die eigenen Gefühle, noch ein abstrakt-theoretisches Philosophieren darüber, ohne innere emotionale Beteiligung, werden im Focusing angestrebt.

Wir möchten an dieser Stelle ein weiteres einfaches Experiment vorschlagen, das das Prinzip dieser Haltung auf den Punkt bringt.

Experiment: »Richtiger Abstand«

Betrachten Sie einmal Ihre Handinnenflächen. Widmen Sie sich dabei Ihren Fältchen und Linien, die Ihrer Hand eine ihr eigene Struktur geben.

Automatisch werden Sie den richtigen Abstand wählen, so daß Sie scharf sehen. Sie werden Ihre Hand nicht direkt vor die Augen halten, ebensowenig wie Sie sie mit ausgestrecktem Arm anschauen werden (es sei denn, Sie sind weitsichtig). Es gibt eine Entfernung zwischen Ihrem Auge und Ihrer Hand, die genau richtig ist.

Ebenso wie in diesem Experiment verhält es sich im Focusing mit dem Abstand zwischen Ihnen als Wahrnehmende und Ihrem inneren Erleben. Um absichtslos wahrzunehmen und eine Beziehung zum Erleben aufzunehmen, bedarf es also der richtigen Entfernung. Diese haben Sie gefunden, wenn Sie sich nicht identisch mit Ihrem Problem fühlen, sondern noch Beobachterin sein können und sich dennoch innerlich berührt fühlen.

Was können Sie tun, wenn Ihnen der richtige Abstand verlorengeht, wenn Ihr Erleben während eines Focusing-Prozesses zu unangenehm, zu schwer oder zu mitreißend zu werden droht?

Erstens: Sie können den Prozeß beenden. Sie sind zu jedem Zeitpunkt in der Lage zu entscheiden, Ihre Augen zu öffnen und aufzuhören. Sie befinden sich nicht in Hypnose oder Trance, sondern in einem entspannten Zustand, in dem Sie jederzeit Frau ihrer selbst sind und selbstbestimmt handeln können.

Zweitens: Sie können bei Ihrer Wahrnehmung bleiben und verschiedene Vorstellungen zu Hilfe nehmen, die den richtigen Abstand zwischen Ihnen und Ihrem Erleben wiederherstellen. Hierzu ein paar Beispiele aus der Praxis:

Eine Seminarteilnehmerin hatte in einem Focusing-Prozeß das Gefühl, als würde sie von einer Kugel, die auf ihrem Brustbein größer und größer wurde, erdrückt. Sie stellte den Abstand wieder her, indem sie sich vorstellte, unter der Kugel hindurchzuatmen. So konnte sie bei der Wahrnehmung der Kugel bleiben und sie weiter erforschen.

Eine andere hatte Angst davor, ihrer Angst zu begegnen, die wie ein riesiges Monster auszusehen schien. Sie setzte das Monster in ihrer Vorstellung in ein Boot und ließ es auf dem Meer soweit wegtreiben, bis sie sich am Strand in sicherer Entfernung fühlte. Aus diesem Abstand heraus konnte sie sich ihre Angst genauer anschauen und sie langsam immer dichter heranholen.

Imperativverletzungen innerlich wahrzunehmen bringt häufig unangenehme Gefühle ans Licht. Diese Empfindungen da sein zu lassen, wirkt heilend. Wenn die Empfindungen aber zu stark werden, so daß es Ihnen nicht mehr möglich scheint, achtsam bei ihnen zu verweilen, werden Sie kreativ: Bringen Sie wieder etwas Luft zwischen sich und Ihre Empfindungen, gehen Sie drei Schritte zurück, setzen Sie sich in der Vorstellung auf einen inneren Hochstand oder hüllen Sie sich in einen schützenden Mantel ein und nehmen Sie mit ein wenig mehr Abstand Ihr Erleben wahr.

Die eben beschriebenen Voraussetzungen sind Hilfen dafür, damit der Focusing-Prozeß ablaufen kann. Wenn das Focusing bei Ihnen »nicht klappt«, könnten Sie sich fragen:

— Bin ich wirklich innerlich achtsam, oder ist irgend etwas im Vordergrund, das mich stört, zum Beispiel Zeitdruck, Lärm, usw.?
— Kann ich neugierig und offen mein Erleben beobachten, oder weiß ich sowieso schon, worum es geht? Weiche ich bei den zentralen Punkten aus?
— Habe ich den richtigen Abstand zu dem, was ich mir im Focusing betrachten will oder fühle ich mich von meinem Problem verschlungen, so daß ich es gar nicht mehr betrachten kann?

Wenn Sie sich noch ausführlicher mit der Focusing Methode befassen wollen, empfehlen wir Ihnen das Buch »Dein Körper weiß die Antwort«[16], das Focusing als Selbsthilfemethode mit vielen praktischen Übungen vermittelt.

Bis hierher haben wir Ihnen nun »das Wesen« und den Ablauf des imperativauflösenden Focusings erläutert. Sie konnten mit Hilfe der Experimente selber erste Erfahrungen damit machen. Wir wenden im folgenden Abschnitt jetzt das imperativauflösende Focusing direkt im Hinblick auf den Abbau Ihrer Redeangst an.

Der Angst ins Gesicht schauen oder:
Wie Imperative sich auflösen

Wie bereits dargestellt, geht es beim Focusing zur Auflösung von Imperativen darum, innerlich auf die Gefühle, Gedanken, Bilder und Körperempfindungen zu achten, die wir durch das »Setzen innerer Vorschriften« zu vermeiden versuchen. Wir werden Ihnen nun einige Übungen vorschlagen, die Ihre Wahrnehmung unterstützen und die Sie für die eigene Selbsthilfe nutzen können. Diese Übungen werden wir durch Erfahrungen und Fallbeispiele aus unserer Beratungspraxis ergänzen und erläutern. Vielleicht können Sie sich in dem einen oder anderen Beispiel wiederfinden – vielleicht zeigt es Ihnen aber auch, welche Palette von Gefühlen, Bildern und Empfindungen sich mit dem Phänomen ›Redeangst‹ verbinden können.

Mit »Zähneklappern und Knieschlottern« –
Körperliche Angstsymptome

Experiment: »Die Angst fühlen«

Versetzen Sie sich noch einmal in eine für Sie schwierige Redesituation, die Ihnen angst macht. Nehmen Sie sich, genau wie bei dem Experiment zum »Laut gedacht«, genügend Zeit, um sich leibhaftig in diese Situation hineinzuversetzen. Achten Sie jetzt nicht auf Ihre Gedanken, sondern nehmen Sie wahr, wie sich die Angst in Ihnen bemerkbar macht. Können Sie die Angst körperlich spüren? Wie reagiert Ihr Körper in Angstsituationen? Notieren Sie Ihre Angstsymptome.

Angst vor öffentlichem Sprechen kann sich am ganzen Körper zeigen. Wer kennt nicht das Gefühl, wenn einem »das Herz in die Hose rutscht« oder »der Magen plötzlich in den Kniekehlen hängt«. Die Körpersymptome der von uns beratenen Frauen reichten von leichtem Herzklopfen bis hin zu Schwindel und Ohnmachtsgefühlen.

Hier eine Übersicht möglicher *Angstsymptome von Kopf bis Fuß:*

Kopfschmerzen, Rotwerden, hektische Flecken, Blackout, Tränen in den Augen, »Watte im Kopf«, trockener Mund, Speichelfluß, Schwindel, Wahrnehmungsstörungen, Ohnmachtsgefühle, Verspannungen, Schweißausbruch, Hitzewallungen, Kloß im Hals, zitternde Stimme, zugeschnürte Kehle, Atemnot, Druck auf die Brust, Herzklopfen, Herzrhythmusstörungen, Stechen im Brustkorb, Magendruck, Übelkeit, Krämpfe, Durchfall, Blasendruck, zitternde oder nasse Hände, weiche Knie, zitternde Beine, Spannungen in den Beinen.

Häufig werden die körperlichen Angstsymptome selber als Bedrohung wahrgenommen, was nicht selten zu einer Eskalation der Angstgefühle führen kann: »Schreck laß nach! Mein Herz klopft plötzlich so schnell – DAS DARF NICHT SEIN!« ... und um so schneller fängt es an zu schlagen. Das Angsterleben selbst wird zur Katastrophe, die vermieden werden soll: Es kommt zur *Angst vor der Angst*. Dieser Teufelskreis der Körperreaktionen wird dadurch noch verstärkt, daß sich diese Personen innerlich selbst beobachten, um sich »unter Kontrolle« zu halten, wobei sich die Gedanken vorwiegend um das Vermeiden der körperlichen Angstsymptome drehen. Diese verstärkte sich kontrollierende Selbstbeobachtung haben wir den *Lenor-Effekt* getauft (in Anlehnung an die Werbung, in der sich eine Hausfrau mit den Worten »Jetzt habe ich ein schlechtes Gewissen« verdoppelt). Betroffene erfahren dies als eine innere Trennung in zwei Instanzen, eine Erlebende und eine, die das Erleben beobachtet und auslöschen möchte. Die Konzentration richtet sich dabei zum größten Teil auf den Versuch, die Wahrnehmung der Angstsymptome wegzuschieben. Ähnlich wie beim Ticken einer Uhr, die einen beim Einschlafen stört, das um so lauter wird, je mehr man sich darauf konzentriert, verhält es sich mit den Körperreaktionen: Der Herzschlag wird unerträglich laut, das Gesicht krebsrot, die Knie zittern noch mehr. Eine Klientin beschrieb diesen Zustand so: »Es ist, als ob ich selbst bei mir hospitiere, dann steh' ich neben mir, schimpf' mich selber aus, höre mich sprechen und werde immer nervöser.«

Die Konzentration wird von diesem »inneren Notstand« aufgesogen und sie steht daher nur noch in geringem Umfang für den eigenen Redebeitrag zur Verfügung. Dies wiederum führt nicht selten bis zum äußeren völligen Versagen. Folgende Äußerung beschreibt den *Lenor-Effekt* plastisch:

»Mein Kopf rotiert dann, mein Körper fühlt sich blutleer an, als wenn er nichts mehr ausrichten könnte, als wenn er gar nicht mehr zu mir gehörte. Es rotieren die Gedanken, aber ich kann keinen klaren Gedanken fassen, alles ist durcheinander. Meine Augen können nicht mehr richtig gucken. Sie sehen alles und gar nichts, nehmen nichts mehr auf, als wenn sie sich nach innen gedreht hätten, wo sie sich das Rundherum in meinem Kopf ansehen und den Kopf darüber schütteln. Sie beobachten mich dauernd. Es herrscht völliges Wirrwarr, ein Gedankenkarussell.«

Dieses Sich-selbst-Beobachten oder Neben-sich-Stehen ist ein deutliches Signal, daß diese Frau sich Vorschriften macht, die ihr Verhalten beeinflussen: Die Augen drehen sich nach innen und schütteln den Kopf über das innere Wirrwarr: »DAS DARF NICHT SEIN!«

Dieser psychische Vorgang ähnelt häufig autoritären, frühkindlichen Erziehungserfahrungen: Selbstvorwürfe, Selbstinstruktionen, innere Moralpredigten auf der einen Seite, Ängste, Gefühle von Hilflosigkeit, Ohnmacht und Minderwertigkeit auf der anderen Seite, als gäbe es zwei sich im Inneren bekämpfende Personen. Und tatsächlich besteht dieser innere Kampf meist zwischen unserem »inneren Kind« und einer überkritischen Elterninstanz, die einer strengen Erzieherin gleicht, die sich verbietend oder befehlend einmischt: »Jetzt stell' Dich nicht so an, hör' endlich auf zu zittern.« Doch dem Druck der »kritischen Elternstimme« folgt der Gegendruck des »Kindes«: Es blockiert oder reagiert mit Angst. Genausowenig wie ein Kind mit den Worten »Du brauchst keine Angst zu haben« zu überzeugen ist, können wir uns befehlen, keine Angst empfinden zu dürfen. Der Ausweg aus diesem inneren Notstand besteht darin, die eigene Angst wahr- und anzunehmen, ihr wohlwollend und freundlich zu begegnen.

Hierzu möchten wir Ihnen an dieser Stelle eine weitere Übung vorschlagen. Um sich Ihrer Angst einmal anders als gewohnt, über Gedanken und Sprache, zu nähern, werden wir gleich eine Anleitung vorgeben, mit deren Hilfe Sie versuchen können, Ihre Angst körperlich wahrzunehmen und sie anschließend zu malen. Sie benötigen dafür ein größeres Blatt Papier (Din-A2 oder zumindest zwei zusammengeklebte Din-A4-Bögen) und nach Möglichkeit (weiche) Wachsmalkreiden. Es wird nicht darum gehen, daß Sie ein kunstvolles Gemälde anfertigen, sondern versuchen Sie nach einer Phase des inneren Kontaktaufnehmens mit der Angst einen Ausdruck für sie zu finden: Striche, Formen, Farben, Abstraktes oder auch konkrete innere Bilder.

Übung: »Angst malen«

— *Sorgen Sie für die nächste halbe Stunde für einen ungestörten, bequemen Platz, an dem Sie auch malen können.*

— *Lehnen Sie sich zunächst einmal zurück, atmen Sie durch und gönnen Sie sich eine kleine Besinnungspause. Wenn Sie mögen, schließen Sie die Augen.*

— *Lassen Sie sich Zeit, sich innerlich einzurichten und mit Ihrer Angst Kontakt aufzunehmen.*

— *Wenn Sie sich bereit fühlen, suchen Sie in der Vorstellung wieder eine Redesituation auf, die Sie als unangenehm empfinden. Lassen Sie diese Situation wie einen inneren Film ablaufen. Halten Sie den Film an der Stelle an, die für Sie am unangenehmsten und ängstigendsten ist. Neh-*

men Sie wahr, was sich in Ihrem Körper dazu einstellt. Wie fühlt sich Ihre Angst körperlich an? Vielleicht gibt es einen bestimmten Ort in Ihrem Körper, wo Sie dieses Ängstigende spüren. Strengen Sie sich nicht an, sondern warten Sie, bis sich, wie von alleine, etwas einstellt.

– Stellen Sie Ihre innere Wahrnehmung nun auf ein Schauen um. Wie sieht es in Ihnen aus? Gibt es da ein inneres Bild, Formen oder Farben? Beobachten Sie, wie die Angst in Ihnen aussieht? Welche Stimmung hat dieses Bild? Nehmen Sie wahr, was sich alles entfaltet. Lassen Sie sich Zeit und halten Sie es innerlich fest.

– Wenn Sie dieses innere Bild als Ganzes betrachten, gibt es darin einen Kern, etwas Zentrales für Sie? Gibt es dafür ein Wort oder einen Satz? Wie würden Sie es benennen? Welchen Titel hätte es?

– Treten Sie nun innerlich von Ihrem Bild einen Schritt zurück und kommen Sie aus Ihrer inneren Wahrnehmung, dem inneren Schauen wieder mehr nach außen. Nehmen Sie wahr, wie Sie atmen, wie Sie sitzen und orientieren Sie sich wieder im Raum.

– Wenn Sie sich bereit fühlen, nehmen Sie Stifte und Papier und malen Sie Ihre Angst.

Wenn Sie jetzt ein Bild Ihres Angstempfindens in den Händen halten, machen Sie vielleicht die Erfahrung, daß gerade ein Ausdruck entstanden ist, den Sie zuvor so nicht hätten benennen oder beschreiben können. Dieser Ausdruck ist ein weiterer Schritt auf Ihre Angst zu, ein Schritt, sie wahr- und ernst zu nehmen, so, wie sie sich Ihnen gerade gezeigt hat, ohne Sie zu bewerten.

Bei der nächsten Übung geht es vorwiegend darum, Ihre Wahrnehmung auf der körperlichen Ebene noch weiter zu schärfen.

Übung: »Körperempfindungen begrüßen«

Halten Sie noch einmal für einen Moment mit dem Lesen inne und gehen Sie mit Ihrer Aufmerksamkeit in Ihren Körper. Was können Sie jetzt dort wahrnehmen? Versuchen Sie, Ihre Körperempfindungen zu beobachten, ohne sie zu bewerten oder zu beeinflussen. Sagen Sie »Hallo« zu Ihren Empfindungen: »Jetzt bemerke ich, wie ich atme, ein und aus, hallo Atem!« »Jetzt verkrampft sich meine Schulter, hallo Verkrampfung!« »Jetzt spüre ich mein Herz schlagen, hallo Herzschlag!« »Jetzt spüre ich meine kalten Füße. Hallo, ihr kalten Füße!« usw.
Spüren Sie einmal in sich hinein, von den Füßen bis zum Kopf. Was läßt sich jetzt im Moment wahrnehmen?

Im entspannten Zustand ist diese Übung relativ leicht durchzuführen. Versuchen Sie auch in unangenehmen Situationen, in denen Sie innerlich erregt, ängstlich oder wütend sind, bewußt,ohne Bewertung Ihren Körper wahrzunehmen. Sie lernen so auch in angespannten Momenten Ihre Körperreaktionen wahrzunehmen, wie sie sind und sie nicht als zusätzliche Quellen der Angst zu bewerten. So wie es Ihnen wahrscheinlich möglich ist, im »akuten« Gefühl von Verliebtheit Ihr Herzklopfen ohne negative Bewertungen da sein zu lassen, werden Sie nach einiger Zeit auch Ihrem Herzklopfen beim Sprechen begegnen können: »Aha, ich bin aufgeregt und habe Herzklopfen.«

Noch einmal zusammengefaßt:
1. Körpersymptome zeigen sich von Kopf bis Fuß.
2. Körpersymptome sind selbst oft Auslöser für Angst (»Angst vor der Angst«).
3. Körpersymptome sind meist nicht willentlich zu kontrollieren (zum Beispiel: »Ich darf jetzt nicht rot werden«).
4. Der Versuch, Körpersymptome zu kontrollieren, führt meist zu ihrer Verstärkung ...
5. ...und häufig auch zum *Lenor-Effekt.*

Ziel: Für den angstmindernden Umgang mit Körpersymptomen gilt, die Empfindungen wahrzunehmen, wie sie sind, ohne sie zu bewerten oder wegzuschieben.

In der gleichen Art, wie Sie eben Ihre körperlichen Angstsymptome wahrgenommen haben, möchten wir Sie im folgenden Abschnitt ermutigen, Ihren möglichen Imperativverletzungen, das heißt der Möglichkeit, daß das, was nicht passieren darf, doch eintritt, innerlich zu begegnen.

Aufhören, sich Vorschriften zu machen

Die folgende Anleitung zum imperativauflösenden Focusing können Sie, wie die vorangegangenen, auf einen Kassettenrecorder aufnehmen, wobei wir Ihnen empfehlen, wieder genügend Pausen beim Sprechen zu machen, um später Zeit zu haben und sich nicht gedrängt zu fühlen. Zudem ermöglicht ein längeres Wahrnehmen sowohl die Entfaltung Ihres Erlebens als auch das Aufhören, sich Vorschriften zu machen. Je tiefer manche Vorschriften sich »eingegraben« haben, desto mehr Aufmerksamkeit braucht es, bis eine spürbare Veränderung eintritt. Vielleicht sind auch mehrere Focusing-Prozesse nötig, bis Sie innerlich mehr Gelassenheit und Erleichterung spüren. Drängen Sie sich also nicht, bei Ihren Empfindungen, Gefühlen, Bildern oder Gedanken zu bleiben, wenn es Ihnen zu unangenehm wird. Entscheiden Sie sich dann lieber dafür, zu einem späteren Zeitpunkt wieder Kontakt zu diesem Unangenehmen aufzunehmen.
Eine gute Möglichkeit ist auch, daß eine Ihnen vertraute Person Sie begleitet und Ihnen diese Anleitung vorliest. Diese Übung dauert mindestens 30 Minuten. Die Fragen in der Anleitung sind wieder als Hilfen gemeint, Ihr gefühlsmäßiges oder bildliches inneres Erleben zu entfalten und wahrzunehmen und nicht als Anregung zum Nachdenken.

Übung: »*Imperativauflösendes Focusing*«

Schaffen Sie zuerst einen äußeren Rahmen und inneren Freiraum, wie wir es zuvor beschrieben haben (vgl. S. 90ff.).
Suchen Sie sich einen guten Platz.
Lenken Sie Ihre Aufmerksamkeit von außen nach innen.
Wenn Sie mögen, schließen Sie Ihre Augen.
Begleiten Sie Ihren Atem (vgl. S. 82). Gehen Sie mit jedem Ausatmen ein wenig mehr in sich.

Phase I: *Beschreibung und Vorstellung der schwierigen Situation*

Wenn Sie sich innerlich bereit fühlen, nehmen Sie Kontakt zu einer unangenehmen Redesituation auf, zum Beispiel zu einer, die Sie erlebt haben oder einer, die Ihnen bevorsteht. Lassen Sie diese Situation vor Ihrem inneren Auge lebendig werden.
– Wie ist diese Situation?
– Welche Gedanken gehen Ihnen durch den Kopf?
– Wie geht es Ihnen in dieser Situation?

Phase II: Imperative erkennen und konstatieren

Nehmen Sie wahr, mit welchen Gedanken Sie sich innerlich unter Druck setzen.
– Machen Sie sich Vorschriften, wie Sie oder wie Ihre Zuhörer/innen sein sollen? Oder gibt es etwas, was Ihnen in dieser Situation keinesfalls passieren darf?
– Falls Sie jetzt Vorschriften gefunden haben, mit denen Sie sich unter Druck setzen, fragen Sie sich noch einmal: »Was setzt mich am meisten unter Druck, was ist das Zentrale?«

Phase III: Imperativverletzung wahrnehmen

Wenn Sie einen zentralen Imperativ gefunden haben, stellen Sie sich jetzt die Möglichkeit vor, daß Sie diesen verletzen: Stellen Sie sich vor, daß das, was keinesfalls passieren darf, doch geschieht. Lassen Sie sich Zeit, sich dieses vorzustellen.

Pause

— Schauen Sie dieser Möglichkeit ins Gesicht. Wie geht es Ihnen dabei? Was löst diese Vorstellung in Ihnen aus?

Pause

Phase IV: Die Frage nach dem »Schlimmen«

— Fragen Sie sich nun, was ist das Schlimme/Unangenehme daran? Spüren Sie diesem Schlimmen nach und lassen Sie die Antwort auf diese Frage, wie von Innen her, entstehen.

Pause

Phase V: Entfalten und verweilen

— Gehen Sie mit Ihrer Aufmerksamkeit in Ihren Bauch- und Brustraum, und schauen, spüren, lauschen Sie, was sich von dort entfaltet.

— Wie ist dieses Schlimme?
Gibt es einen Ort in Ihrem Körper, wo Sie es besonders spüren können? Entsteht mit dem Schlimmen ein Gefühl? Vielleicht entfaltet sich ein Bild oder eine Farbe, die zum Schlimmen paßt?

— Nehmen Sie das, was sich gerade zeigt, so wahr, wie es ist oder wie es sich entwickelt, soviel oder so wenig es im Moment auch sein

mag. Auch wenn es vielleicht nicht angenehm ist, bleiben Sie ein paar Minuten bei
der Wahrnehmung des Schlimmen und versuchen Sie, wie eine liebevolle Freundin Ihr
Erleben zu begleiten.

Phase VI: Zentrieren

- Können Sie ein Zentrum, einen Kern des
  Schlimmen wahrnehmen? Was ist das Zentrale? Bleiben Sie bei Ihrem Erleben des
  Schlimmen, um diese Frage zu beantworten.
- Können Sie dieses Zentrale benennen, beschreiben oder ausdrücken? Gibt es einen
  Satz, ein Wort, ein Bild oder eine Bewegung
  als Symbol, um es besser fassen oder im Auge
  behalten zu können?
- Wenn Sie ein Symbol gefunden haben, prüfen Sie, ob es paßt oder ob vielleicht noch
  mehr dazugehört.
- Verweilen Sie auch bei der Wahrnehmung
  dieses Zentrums einen Moment, nehmen Sie
  wahr, wie es ist oder sich noch verändert.

Abschluß

- Beenden Sie dann langsam diesen Focusing-
  Prozeß, indem Sie bewußt wieder Ihren Atem
  wahrnehmen. Spüren Sie mit jedem Einatmen wieder mehr die Unterlage, auf der Sie
  liegen oder den Stuhl, auf dem Sie sitzen.
  Kommen Sie mit jedem Einatmen wieder etwas mehr zurück in den Raum. Lauschen Sie
  den Geräuschen und fangen Sie vorsichtig an
  zu blinzeln und dann Ihre Augen zu öffnen.

Gähnen Sie, wenn Ihnen danach ist oder rä-
keln Sie sich.

— Bevor Sie nun weiterlesen oder etwas anderes
tun, versuchen Sie noch einmal in Gedanken
festzuhalten, ob es in diesem Prozeß eine
neue Erfahrung oder Erkenntnis gegeben hat
oder auch, ob Ihnen etwas Altes und Bekann-
tes wieder ins Bewußtsein gekommen ist.

Wenn Sie mögen, können Sie jetzt eine Form suchen, das eben
Erlebte auszudrücken. Dies kann besonders dann hilfreich
sein, wenn Sie merken, daß Sie noch spürbar dieses Unangenehme »mit sich herumtragen«, das es sich im Focusing nicht
verändert hat und es Ihnen schwerfällt, es innerlich loszulas-
sen. Wenn Sie den Focusing-Prozeß in Begleitung einer ver-
trauten Person gemacht haben, können Sie noch einmal darüber reden – vielleicht liegt es Ihnen auch, das Erlebte aufzu-
schreiben oder Sie versuchen das, was Sie innerlich gesehen
haben, in Form und Farben, in einem Bild auszudrücken.
Wichtig ist nicht die Art und Weise, wie Sie dies tun, sondern
eher der Prozeß, vom Erleben zum Ausdruck zu kommen.
Es ist möglich, daß sich bei diesem eben durchgeführten
Focusing-Prozeß als Kern des Schlimmen (Phase VI) ein neu-
er, vielleicht tieferliegender Imperativ gezeigt hat. Diesem
können Sie in einer nächsten Focusing-Runde auf die gleiche
Art und Weise auf den Grund gehen. Ebenfalls ist es möglich, den jetzt gemachten Focusing-Prozeß mehrmals zu wie-
derholen, indem Sie zum Beispiel morgen noch einmal aufs
neue dieselbe Imperativverletzung innerlich wahrnehmen.
Dabei können Sie beobachten, ob Sie wieder ähnliche
»Schlimm-Gefühle« empfinden oder ob sich Ihr Erleben der
Redeangst verändert. Vielleicht empfinden Sie auch kaum
noch unangenehme Gefühle bei der Vorstellung, diesen Im-
perativ zu verletzen. Dies könnte ein Zeichen dafür sein, daß
Sie aufgehört haben, sich diese Vorschrift zu machen, der
Imperativ sozusagen »gelöscht« ist. Experimentieren Sie mit

dieser Übung und nehmen Sie wahr, wie sich Ihr Erleben verändert.

Als Beispiele für ein imperativzentriertes Focusing möchten wir Ihnen zwei Übungsbeispiele anbieten, die sich auf zwei häufig aktivierte Imperative beziehen: die Angst, im Mittelpunkt zu stehen und die Angst, abgelehnt zu werden.

Übung: »Auf dem Präsentierteller sitzen«

Suchen Sie sich einen bequemen Sitzplatz und nehmen Sie sich Zeit, zu sich zu kommen und zu entspannen. Stellen Sie sich eine Redesituation vor, bei der Sie vor einem Publikum stehen oder sitzen. Gleichgültig, ob Sie diese Situation schon tatsächlich erlebt haben oder ob Sie sich das Ganze ausdenken, entscheidend ist, daß Sie innerlich erleben können, wie sich alle Augen auf sie richten und Sie im Mittelpunkt stehen. Vertiefen Sie sich in diese Vorstellung: Sie stehen vor vielen Menschen, alle schauen Sie an und warten darauf, daß Sie mit Ihrer Rede beginnen. Führen Sie zu den Gedanken und Gefühlen, die jetzt bei Ihnen auftauchen ein Focusing durch, wie wir es beschrieben haben.

Übung: »Abgelehnt und ausgepfiffen«

Nehmen Sie sich Zeit und suchen Sie sich einen bequemen, ungestörten Sitzplatz. Lassen Sie vor Ihrem geistigen Auge eine Redesituation entstehen, bei der Sie von den Zuhörenden abgelehnt werden. Vielleicht steht Ihnen eine solche Rede bevor, dann entfalten Sie Ihre Phantasie zu dieser künftigen Situation. Oder Ihnen ist so etwas tatsächlich schon einmal passiert, dann tauchen Sie nochmals in diese Erinnerung ein. Stellen Sie sich vor, Sie und das, was Sie sagen, wird von den Zuhörenden abgelehnt. Was tut das Publikum? Woran erkennen Sie, daß Sie zurückgewiesen werden? Bleiben Sie bei der Vorstellung, eine »Pleite« zu erleben und womöglich Protest zu ernten. Lassen Sie Ihr Unwohlsein

111

oder welches andere Empfinden bei Ihnen entsteht, innerlich zu.

Focussieren Sie mit Hilfe der Focusing-Anleitung das, was für Sie das Unangenehme oder das »Schreckliche« ist, wenn Sie Ablehnung aus dem Publikum erleben.

Neben diesen ausführlichen Formen des imperativzentrierten Focusing, können Sie in Situationen, in denen Sie merken, daß Sie sich akut etwas imperieren, kurz innehalten und ein *Blitzfocusing* machen.

Übung: »Blitzfocusing«

Wenn Sie feststellen, daß Sie sich gerade mit einer Vorschrift oder einem Verbot unter Druck setzen, fragen Sie sich: »Was ist eigentlich das Schlimme daran, wenn genau das passiert, was nicht passieren soll?« Lassen Sie die Antwort auf diese Frage aus Ihrem Gefühl entstehen, das sich mit dieser Vorstellung verbindet. »Was ist für mich das Unangenehme – Schlimme – Scheußliche daran?«
Nehmen Sie dieses Schlimme für einen Moment wahr.

Mit diesem Blitzfocusing haben wir in unserem Alltag sehr gute Erfahrungen gemacht.
Ich erinnere mich an eine Seminarsituation, in der die Videokamera streikte. Alle Seminarteilnehmerinnen warteten gespannt auf ihre erste Videoaufnahme und nichts ging mehr. Ehrlich gesagt: Dies war meine »Horrorvorstellung«, das Schlimmste, was passieren konnte. »Das darf nicht wahr sein!« hörte ich mich sagen. »Um Gottes Willen, die muß jetzt funktionieren!« Befehle, die gleichermaßen paniksteigernd wie sinnlos waren. Ich entschloß mich zu einem Blitzfocusing. Ich nahm das peinliche Gefühl wahr, den Teilnehmerinnen gestehen zu müssen, daß die Aufnahme ins Wasser fallen würde. Ich spürte mein Herzklopfen und meine nassen Hände und ließ sie für den Moment da sein. Das unangenehme Gefühl wurde weniger und ich ruhiger. »Die Kamera ist

kaputt.« Punkt. In diesem Moment war ich wieder in der Lage, konstruktiv zu denken, mir Alternativen zu überlegen und plötzlich funktionierte die Kamera wieder. Spätestens ab diesem Zeitpunkt war ich der Überzeugung: Auch technische Geräte haben eine Seele.

Die Wirkung vom Blitzfocusing ist nicht immer so spektakulär, aber meist, besonders in so stressigen Situationen, sehr hilfreich. Probieren Sie es aus.

Nachfolgend bieten wir Ihnen eine weitere Übung an, die Sie ausprobieren können, wenn Ihnen eine Situation bevorsteht, in der Sie mit Angst oder Unsicherheit rechnen und vor der Sie am liebsten »kneifen« möchten: »Die Mutprobe«.

Sie kennen Mutproben garantiert aus Ihrer Kindheit. Mutig ist nicht die, die keine Angst vor bestimmten Situationen hat, sondern die, die trotz Angst schwierige Situationen durchsteht. Hören auch Sie Schritt für Schritt damit auf, schwierige Situationen zu meiden. Vermeidung von Angstsituationen macht die Angst chronisch, da sie einem die Möglichkeit nimmt, positive Erfahrungen zu sammeln. Vermeidung wirkt so wie ein Bumerang in der Angstentwicklung: Sie verstärkt die Angst vor der Angst.

Diese Übung ermöglicht Ihnen, eine bevorstehende schwierige Redesituation in der Vorstellung zu simulieren und vorab als Probehandlung Ihren neuen Umgang mit der Angst auszuprobieren. Wenn Sie Angst, Unbehagen, Lampenfieber haben, beziehen Sie diese Gefühle in Ihre Wahrnehmung der Situation ein, indem Sie innerlich aufhören, sie wegzuschieben.

Übung: »Die Mutprobe«

Stellen Sie sich die angstauslösende Situation vor Ihrem inneren Auge genau vor: »Wie fühlen Sie sich? Was geht in Ihnen vor?« Nehmen Sie all das wahr, was sich mit Ihrer Angst verbindet.

Nun stellen Sie sich vor, daß Sie Ihre Unsicherheit und Aufregung spüren und trotzdem handeln bzw. reden, ohne davon behindert zu werden. Sie nehmen Ihre Angst wahr, begrüßen Sie als Körpergefühl und reden, melden sich zu Wort, kritisieren, stellen sich vor usw.
Malen Sie sich aus, wie es Ihnen möglich sein wird, in Begleitung Ihrer Angst das zu tun, was Sie sich wünschen. Und nehmen Sie wahr, wie die Angstsymptome während des Redens langsam abnehmen.

Machen Sie diese Übung ein paar Mal in Ihrer Vorstellung und beginnen Sie dann mit dem Üben in realen Redesituationen. Gehen Sie bewußt auf Ihre Angst zu und nehmen Sie sie wahr.

Dies soll erst einmal an Übungen und Experimenten reichen. Probieren Sie sie aus. Prüfen Sie, ob sie Ihnen hilfreich sind – und wenn Sie merken, daß Sie alleine Ihrer Angst nicht begegnen möchten, scheuen Sie sich nicht, professionelle Hilfe in Anspruch zu nehmen. Manchmal reicht es schon aus, wenn eine Ihnen vertraute Person Sie bei Ihrer Selbsthilfe unterstützt, indem sie einfach dabei ist und Ihnen zuhört, wenn Sie beispielsweise Focusing machen.
Und wenn das, was mit Focusing zusammenhängt, einfach nicht »klappt«, schauen Sie, ob es in Ihrer Nähe Seminare zu Focusing gibt – oder vergessen Sie alles Bisherige und machen Sie es schlichter: Hören Sie auf, Ihre Angst durch Ignorieren, Ablenken, Vermeiden, Bagatellisieren, Trainieren usw. weghaben zu wollen. Begegnen Sie ihr, wenn sie sich zeigt, kümmern Sie sich um sie, halten Sie Kontakt, durchleben Sie sie – und nutzen Sie Ihre Redeangst als Wegweiser Ihrer Entwicklung.

Im folgenden Kapitel werden wir Ihnen einige rhetorische Hinweise, Techniken und auch Tips vermitteln, die es Ihnen erleichtern können, sich in Redesituationen zu begeben und neue Erfahrungen zu machen.

4 Rhetorisches Können:
Hilfen, Tips und Techniken

Viele redeängstliche Frauen haben ihr Leben und ihren Alltag so eingerichtet, daß sie selten oder nie in die Lage kommen, einmal vor einer Gruppe eine Rede zu halten. Sie haben daher kaum eigene Erfahrungen sammeln können über das, was bei einer Rede Erfolg verspricht und passend ist und was sich nicht bewährt und unpassend ist.

Auf der anderen Seite gibt es Frauen, die wenig oder keine Angst haben, vor einem Publikum zu reden, aber die nicht wissen, wie das Halten von Reden überhaupt funktioniert. Meist gab es im Leben dieser Frauen bisher keinen Anlaß, eine Rede zu halten. Nachdem sich jedoch ihre berufliche oder auch die private Situation geändert hat und sie vor einem Publikum reden wollen, merken sie, daß ihnen das geeignete rhetorische Know-how schlicht fehlt.

Wir möchten Ihnen hier Techniken und Tips an die Hand geben, durch die Sie Übungsrückstände und fehlende rhetorische Erfahrung wenigstens zum Teil ausgleichen können. Dieses rhetorische Know-how ist allerdings kein Ersatz für den Abbau der Redeangst. Solange Sie noch unter Redeangst leiden, besteht die Gefahr, daß Sie aus den folgenden Tips und Hinweisen ein »Muß« für sich machen, das heißt, sie zu einem Imperativ werden lassen. Unter der Angst zu versagen, klammern Sie sich womöglich an Regeln und Hinweise und so wird zum Beispiel aus dem Tip »Bringen Sie Beispiele, um einen trockenen Sachverhalt zu illustrieren«, leicht eine neue innere Vorschrift, die da lautet: »Ich muß Beispiele bringen, sonst versteht mich keiner!« Sie steigern Ihre Redeangst enorm, wenn Sie die folgenden rhetorischen Techniken für sich in neue innere Vorschriften verwandeln.

Lassen Sie uns es an dieser Stelle ganz deutlich sagen: Allein durch die Kenntnis von rhetorischen Techniken werden Sie Ihre Redeangst nicht abbauen können. Aber dieses Rede-Know-how kann Sie selbstsicherer werden lassen, wenn Sie Ihre Imperative aufgelöst haben und Ihre Redeangst gesunken ist.

Von Anfang an

Sie finden hier Techniken und Tips, die Ihnen die Vorbereitung einer Rede oder eines Wortbeitrages erleichtern können. Eine sorgfältige Planung kann Ihnen schon im Vorfeld viel an Sicherheit geben, besonders, wenn Sie Ihre Rede vorher proben und mit Hilfe eines Kassettenrecorders aufnehmen. All Ihre Vorbereitungen und Proben sind aber keine Garantie dafür, daß Ihre Rede später tatsächlich so verläuft, wie Sie es sich vorgestellt haben. Die Rede vor einem Publikum ist eine komplexe Kommunikationssituation, an der andere Menschen beteiligt sind. Der Ablauf wird von vielen aktuellen Geschehnissen beeinflußt. Vielleicht ist ein Teil Ihrer Rede überflüssig geworden, weil Ihr Vorredner einen Teil dessen, was Sie sagen wollten, bereits gesagt hat. Oder jemand hat vor Ihnen etwas behauptet, dem Sie jetzt gern widersprechen wollen. Vielleicht ist die Stimmung im Raum auch sehr ernst und Sie merken, daß die lustigen Beispiele, mit denen Sie Ihre Rede gespickt haben, jetzt nicht passend sind. Es gibt viele Umstände in der aktuellen Redesituation, die dazu führen können, daß Sie einen Teil oder auch die ganze Rede umändern. Deshalb ist es kein Fehler, wenn Sie Ihre Rede nicht so halten, wie Sie sie geplant haben.

Dennoch hat eine sorgfältige Vorbereitung einen großen Nutzen für Sie. Sie sondieren bei der Planung das Redethema, grenzen es ein, finden passende Worte dafür, legen die Reihenfolge Ihrer Argumente oder Unterpunkte fest. All das kann eine Art Sicherungsseil sein, das Sie sich wie bei einer Bergklettertour umlegen. Sie gewinnen damit die Freiheit, ein paar Schritte zu riskieren, die sie nicht geplant hatten.

Die Vorbereitung der Rede

Wie intensiv die Vorbereitungen auf eine Rede werden, hängt von dem Redeanlaß und Ihrer Übungserfahrung ab.

Der jeweilige Anlaß: Die Redesituationen, von denen eine entscheidende geschäftliche oder berufliche Weichenstellung ausgeht, verlangen in der Regel mehr Überlegungen und eine intensivere Vorbereitung, als beispielsweise eine Rede aus einem geselligen Anlaß, etwa den Geburtstag eines Kollegen.

Die Übungserfahrung: Routinierte Redner und Rednerinnen bereiten häufig nur die entscheidenden inhaltlichen Passagen vor, während sie die Anfangs- und Schlußworte meist improvisieren. Wenn Sie hingegen noch nicht sehr viel Übung haben, dann ist sinnvoll, zusätzlich auch die ersten Worte und den Schlußsatz vorher zu formulieren.

Die Manuskriptgestaltung

Bevor Sie ein Manuskript für einen geplanten Redebeitrag erstellen, überlegen Sie sich zunächst, ob Sie Ihre Rede Wort für Wort ausformulieren möchten oder ob ein Stichwort-Manuskript sinnvoller ist. Auch diese Entscheidung hängt von zwei Gesichtspunkten ab:

117

Von der Bedeutung Ihrer Rede: Je wichtiger Ihre Worte in der Öffentlichkeit sind, desto eher kommt es auf präzise und genaue Formulierungen an. In solchen Fällen ist ein Wort-für-Wort-Manuskript sinnvoll.

Von Ihren persönlichen Redevorlieben: Sie können Ihren Redebeitrag natürlich auch frei halten, also ganz ohne Unterlagen sprechen. Wenn Sie aus beruflichen Gründen ein Stoffgebiet sicher beherrschen und wenn Sie es gewohnt sind, vor anderen darüber zu sprechen, dann können Sie die Rede wahrscheinlich besser ohne Manuskript »aus dem Ärmel schütteln«.

Das wörtlich ausformulierte Manuskript

Wenn Sie zum Beispiel in der Öffentlichkeit eine geschäftliche oder politische Rede halten, dann ist es wichtig, daß Sie in der Lage sind, »zitierfähig« zu sprechen, weil Ihre Worte möglicherweise am nächsten Tag in der Zeitung stehen könnten. Dasselbe gilt auch, wenn Ihre Rede eine programmatische oder wegweisende Bedeutung hat, zum Beispiel bei einer Antrittsrede als Vorsitzende eines Gremiums. Überall dort, wo Ihr Wort auf die Waagschale der öffentlichen Meinung gelegt werden könnte, ist es sinnvoll, daß Sie Ihre Rede Wort für Wort ausarbeiten oder daß Sie zumindest die entscheidenden Passagen genau ausformulieren.

Eine Rede so zu verlesen, daß die Zuhörenden dabei nicht einschlafen, ist eine Kunst. Es scheint auf den ersten Blick zwar leichter zu sein, eine fertig aufgeschriebene Rede einfach nur noch zu verlesen, aber in der Praxis klingt das Ergebnis sehr leicht langweilig oder unverständlich oder beides.

Das liegt daran, daß wir unsere Sätze beim Schreiben anders formulieren als beim Sprechen. Die schriftlichen Formulierungen sind viel gestelzter, komplizierter und weniger eingänglich als unsere gesprochenen Sätze. Wenn diese vergleichsweise komplizierte Schriftsprache wörtlich verlesen wird, dann verlangt das von den Zuhörenden sehr viel Konzentration. Da die Rednerin/der Redner meist sehr damit beschäftigt ist, das Manuskript Wort für Wort genau abzulesen, schaut sie/er kaum ins Publikum. Darüber hinaus wird häufig zu schnell und zu monoton gesprochen. Das Ergebnis ist eine Rede, die ausdruckslos abgespult wird.

Und nun einige Hilfestellungen für ein ausformuliertes *Wort-für-Wort-Manuskript*:

Schreiben Sie die Rede in der »Sprechsprache«.
Wenn Sie eine Rede Satz für Satz vorformulieren, dann schreiben Sie möglichst so, wie Sie sprechen. Achten Sie darauf, daß Sie einen einfachen Satzbau verwenden und vermeiden Sie verschlungene Schachtelsätze.

Gestalten Sie die Manuskriptseiten übersichtlich.
Schreiben Sie auf die einzelnen Blätter nicht zu viel und lassen Sie an den Seiten einen breiten Rand frei. Sie können den Text mit den Augen leichter im Ganzen erfassen, wenn die Zeilen auf dem Papier nicht allzu breit sind. Eine Zeilenbreite, die für das schnelle Überfliegen eines Textes günstig ist, wird zum Beispiel von den Tageszeitungen verwendet und liegt bei ca. 25 bis 30 Buchstaben.

Notieren Sie im Manuskript Ihre »Regieanweisungen«.
Um der Gefahr vorzubeugen, daß Sie den Text einfach nur herunterlesen, können Sie sich im Manuskript auch Notizen zu Ihrer Sprechweise machen. Die Textstellen, bei denen Sie langsam und »dramatisch« sprechen wollen, können Sie mit einer bestimmten Farbe markieren oder Sie setzen dazu eine entsprechende Anmerkung an den Textrand. Kennzeichnen Sie ebenfalls Sprechpausen oder auch die Textstellen, bei denen Sie ins Publikum sehen wollen.

Verwenden Sie eine deutliche lesbare Schrift.
Achten Sie auch darauf, daß die Buchstaben für Sie groß genug sind und von Ihnen auch dann gut gelesen werden können, wenn Sie das Manuskript vor sich liegen haben.

Falls das Manuskript mit einer Schreibmaschine getippt wurde, können Sie die Schrift mit Hilfe eines Kopiergerätes vergrößern.

Das Stichwort-Manuskript

Für die meisten Redesituationen im Alltag genügt ein Stichwortmanuskript. Sie schreiben nur die wichtigsten Schlüsselbegriffe oder Satzteile in der Reihenfolge auf, in der Sie sie vortragen wollen. Damit Sie das entsprechende Stichwort in Ihrem Manuskript schnell finden können, ist es wichtig, daß Sie nur wenige Stichworte aufschreiben. Benutzen Sie gut lesbare, groß geschriebene Buchstaben, die sich rasch erfassen lassen.

Viele machen bei Ihrem ersten Manuskript den Fehler, daß sie viel zu viele Stichworte aufschreiben. Wenn Sie dann während der Rede auf Ihr Manuskript schauen, sind Sie irritiert, weil in dem Gewirr der Worte nicht die richtige Anschlußstelle zu finden ist. Das Suchen macht nervös und bringt Sie unnötig aus dem Konzept.

Stichworte sind keine abgekürzten Sätze, sondern lediglich die Schlüsselbegriffe, mit denen Sie – ähnlich wie mit einem Schlüssel – die Tür zu einem neuen Abschnitt oder Themenbereich Ihrer Rede aufschließen. Deshalb ist nicht die Menge der Stichworte wichtig, sondern es kommt vielmehr darauf an, die passenden Begriffe zu finden.

Wenn Sie ein Stichwort-Manuskript ausgearbeitet haben, halten Sie damit probeweise Ihre Rede allein zu Hause. Nehmen Sie die Rede mit einem Kassettenrecorder auf, und überprüfen Sie Ihr Manuskript mit folgenden Fragen:

Haben Sie mit Hilfe Ihrer Stichworte alles gesagt, was Sie sagen wollten? Wenn nicht, dann sind die fehlenden Stichworte zu ergänzen.

Brauchten Sie ein Stichwort vielleicht gar nicht? Dann streichen Sie es aus Ihrem Manuskript.

Fiel Ihnen bei einem Stichwort nichts ein? Dann ist es wahrscheinlich für Sie der falsche Schlüsselbegriff. Suchen Sie ein treffenderes Stichwort oder eine kurze Formulierung mit zwei, drei Worten.

Sie können in Ihr Stichwort-Manuskript auch ausführliche, ganze Sätze aufnehmen. Das ist dann sinnvoll, wenn Sie ein wörtliches Zitat einflechten wollen oder wenn Sie ganz genaue Angaben machen möchten.

Denken Sie in jedem Fall daran, Ihre Rede auch auf folgende Punkte »abzuklopfen«:

Das Redethema eingrenzen

Um sich bei der Vorbereitung nicht im Thema verlieren und vom Hundertsten zum Tausendsten, vom Hölzchen aufs Stöckchen zu kommen, können Sie sich folgende Fragen stellen:

Was ist der Anlaß für die Rede? Geht es darum, das Publikum zu informieren, Anerkennung und Dank auszusprechen oder die eigene Meinung darzulegen?

Was ist für Sie persönlich das Wichtigste bei diesem Thema? Was ist Ihr Anliegen, Ihre Meinung und Ihr Wissensstand dazu?

An welche Interessen und welche Kenntnisse des Publikums können Sie anknüpfen?

Die Rede strukturieren

Am Anfang Ihrer Rede oder Ihres Diskussionsbeitrages ist es sinnvoll, den Zuhörenden einige Orientierungshilfen zu geben.

Dazu gehört, daß Sie sich mit Ihrem Namen (und eventuell auch der Funktion oder dem Beruf) vorstellen. Diese Vorstellung kann wegfallen wenn, ein(e) Diskussionsleiter/in oder Moderator/in Sie vorstellt oder wenn alle Anwesenden wissen, wer Sie sind. Falls Sie sich selbst dem Publikum vorstellen, dann beachten Sie dabei folgende Punkte:

Fangen Sie Ihre Rede nicht mit Ihrem Namen an, weil Ihre ersten Worte leicht in einer anfänglichen allgemeinen Unruhe untergehen können. (Siehe auch »Die Kunst der Rede«, besonders der Abschnitt »Sich warm reden«.)

Sprechen Sie Ihren Namen laut und langsam aus, so daß jede(r) ihn verstehen kann.

Wenn Sie auch Ihre Funktion, Ihren Beruf oder andere persönliche Merkmale erwähnen, dann werten Sie sich dabei bitte nicht ab wie zum Beispiel »Ich bin zwar nur Hausfrau, aber ich möchte hier trotzdem etwas sagen.«

Eine zweite Orientierungshilfe ist die Einordnung Ihres Wortbeitrages. Teilen Sie mit, weshalb Sie reden, ob und von wem Sie eingeladen oder gebeten worden sind, ob Ihnen das Thema am Herzen liegt oder ob Sie als Fachfrau einen bestimmten Aspekt aufgreifen wollen. Falls Sie mit Ihrem Redebeitrag jemanden ehren oder gratulieren wollen, können Sie auch kurz sagen, in welchem Verhältnis Sie zu der betreffenden Person stehen.

Bei einem längeren Vortrag, besonders bei einem Fachvortrag oder einer Unterweisung, können Sie noch eine dritte Orientierungshilfe anbieten: Veröffentlichen Sie die Struktur Ihrer geplanten Rede. Sie können dabei dem Publikum kurz eine mündliche Übersicht geben, etwa so: »Im ersten Punkt möchte ich Ihnen XYZ erläutern. Im zweiten Punkt werde ich dann zu dem und dem kommen und am Schluß möchte ich Ihnen zeigen, wie ABC erreicht werden kann.« Oder Sie machen Ihre Gliederung für alle sichtbar, etwa auf einem Flip-chart oder mit Hilfe eines Overhead-Projektors. (Der Einsatz von Flip-charts und Overhead-Projektoren wird im Kapitel »Die Kunst der Rede« genauer erläutert.)

Wie Sie die Kernaussagen Ihres Beitrages gliedern, hängt im wesentlichen vom Anlaß und Ziel Ihrer Rede ab.

Bei einem *Fachvortrag oder einer Unterweisung* kann es für die Zuhörenden hilfreich sein, wenn Sie mit etwas Bekanntem anfangen oder wenn Sie am vorhandenen Wissensstand anknüpfen.

Dafür können Sie ein Problem schildern, das die meisten aus ihrem Alltag kennen oder Sie sprechen über Erfahrungen, die viele der Zuhörenden wahrscheinlich schon gemacht haben. Vom Bekannten und Konkreten gehen Sie dann im Aufbau Ihrer Rede schrittweise zum Neuen oder zum Abstrakten.

Gerade bei Fachvorträgen oder Unterweisungen kann es sehr belebend sein, wenn Sie nicht nur sachlich-theoretisch an das Thema herangehen, sondern wenn Sie sich dem Publikum als Person zeigen und zu dem Sachthema Ihre eigenen Erfahrungen und Gefühle verdeutlichen.

Bei einer *Meinungsrede oder einem Diskussionsbeitrag* geht es meist auch um fachliche Fragen, aber das Schwergewicht liegt auf dem Austragen von Pro- und Kontra-Positionen. Als Einstieg in Ihre Rede oder Ihren Diskussionsbeitrag können Sie das Problem, um das es geht, kurz aus Ihrer Sicht schildern. Oder Sie fangen an, indem Sie mit eigenen Worten die Ansichten Ihres Meinungsgegners zusammenfassen, um dann anschließend Ihre eigenen Argumente dagegenzusetzen. Dabei können Sie mit dem schwächsten Argument anfangen und Ihr stärkstes, überzeugendstes Argument am Schluß, sozusagen als Höhepunkt, vortragen. Am Ende Ihrer Argumente steht die Schlußfolgerung, die Sie daraus ziehen, die Konsequenz, die Sie fordern. Um die eigenen Argumente für die Zuhörenden plausibler werden zu lassen, können Sie Ihre Rede mit Beispielen, Fakten, Untersuchungsergebnissen und eigenen Erfahrungen anreichern.

Sie erleichtern sich die Redevorbereitungen, wenn Sie das, was Sie ausgearbeitet haben, zwischendurch häufiger auf einen Kassettenrecorder sprechen. Beim Abhören des Bandes merken Sie, wie Ihre Formulierungen klingen. Dabei fällt Ihnen möglicherweise auch ein, wie Sie die Sache noch treffender auf den Punkt bringen können.

Wenn Sie nicht genau wissen, wie Sie einen bestimmten Sachverhalt treffend ausdrücken können, dann entscheiden Sie sich für die Formulierung, die der Umgangssprache am nächsten kommt. Verwenden Sie im Zweifelsfall die Alltagssprache und verzichten Sie auf Formulierungen, die gewunden und kompliziert sind.

Wenn Sie auf eine Rede gut vorbereitet sind, dann können Sie dadurch selbstsicherer werden. Aber achten Sie andererseits darauf, nicht zu lange an dem Redebeitrag herumzufeilen. Ein Zuviel an Vorbereitung kann die Nervosität auch ankurbeln. Es ist wichtig, daß Sie mit Ihren ausgearbeiteten Manuskript auch zufrieden sein können und damit Ihre Vorbereitung beenden.

Den Raum einnehmen

Manche Rednerinnen und Redner trauen sich zu Beginn ihres Wortbeitrages nicht, direkt ins Publikum zu sehen. Wenn sie dann nach ein paar Sätzen doch hochschauen, bringt sie allein der ungewohnte und plötzliche Anblick der vielen Köpfe aus dem Konzept.

Falls Sie von einem Podium aus sprechen oder hinter einem Rednerpult stehen werden, dann wird Ihr Blick in den Raum von diesem Standort aus ein völlig anderer sein, als von einem Zuschauerstuhl aus. Deshalb ist es empfehlenswert, daß Sie sich an die Aussicht, die Sie vom Rednerpult aus in den Raum haben werden, rechtzeitig gewöhnen. Versuchen Sie schon einige Zeit, bevor Sie dran sind, an diesem Platz oder zumindest in der Nähe zu stehen. Schauen Sie sich von da aus die Zuschauer/innen an, und gewöhnen Sie sich an diese Blickperspektive.

Ich selbst bin sehr gerne frühzeitig vor einem Vortrag in dem entsprechenden Raum. Ich stehe dann vorn, etwas an der Seite und sehe zu, wie die Zuhörenden nach und nach eintreffen. Ich beobachte dabei ihre Gesichter und versuche, mir ein Bild von dem Publikum zu machen. An der Art, wie die Menschen den Raum betreten und wie sie sich verhalten, kann ich sehen, ob sich viele untereinander kennen und miteinander reden oder ob sie eher vereinzelt kommen und sich stumm auf einen Stuhl setzen. Ich kann mir dabei auch einen Eindruck von der Akustik machen, die in dem Raum herrscht. Bei dem Gemurmel, das allmählich entsteht, läßt sich hören, ob es einen Widerhall im Raum gibt und ob das Stühlerücken und Geraschel gut vom Teppichboden geschluckt wird. Ich »schnuppere« so die Atmosphäre, die langsam im Raum entsteht. Für mich sind diese genauen Beobachtungen sehr beruhigend und ich kann dabei meine »Fühler« ausstrecken, um Kontakt zu den Menschen und der räumlichen Umgebung zu bekommen.

Machen Sie es sich bequem

Viele Frauen reagieren zunächst verdutzt, wenn wir sie nach ihrer ersten Übungsrede fragen, ob Sie beim Sprechen bequem gesessen oder gestanden haben. Für viele hat Bequemlichkeit nichts mit einer Rede vor einem Publikum zu tun. Im Gegenteil – die meisten gehen sogar davon aus, daß sie es als Rednerin sehr unbequem haben werden, ja daß eine gewisse Portion Ungemütlichkeit sogar notwendig ist. Und mit diesem Glauben sitzen oder stehen viele, lange bevor sie mit ihrer Rede dran sind, in einer verspannten Haltung. Und die meisten schaffen es, mit viel zusätzlicher Energie ihre Muskelverspannung in der Wartezeit und in der Redezeit aufrechtzuerhalten. Diese Anspannung aber verstärkt die Nervosität und das Erleben von Streß.
Dabei ist es nicht nötig, daß Sie als Rednerin neben Ihrer Sprecharbeit auch noch zusätzliche Unbequemlichkeiten ertragen müssen. Sie können es sich trotz der relativ herausragenden Situation, in der Sie als Rednerin stecken, so gemütlich wie möglich machen.
Hier sind ein paar Tips, mit deren Hilfe Sie es sich vor und während der Rede bequem machen können.

Gehen Sie unangenehmen Personen oder Situationen vorher aus dem Weg.

Vermeiden Sie vor Ihrer Rede Menschen und Gegebenheiten, die Sie unnötig belasten könnten. Sorgen Sie dafür, daß Sie bequem und sicher an dem Ort ankommen, an dem Sie reden werden. Wenn Sie als Autofahrerin fürchten, daß der Straßenverkehr Ihre Nerven strapazieren könnte, leisten Sie sich ein Taxi oder benutzen Sie öffentliche Verkehrsmittel.

Gehen Sie den Menschen aus dem Weg, die selbst nervös, ängstlich oder ärgerlich sind. Solche Emotionen können leicht ansteckend sein.

Nehmen Sie eine entspannte Körperhaltung ein.

Bereits bevor Ihre Rede beginnt, können Sie dafür sorgen, daß Sie beim Gehen und Stehen eine aufrechte, aber entspannte Haltung einnehmen.

Machen Sie zwischendurch immer mal wieder einen innerlichen »Haltungs-Check«: Achten Sie darauf, daß Sie keinen Körpermuskel unnötig anspannen. Versuchen Sie auch Ihr Gesicht zu entspannen. Manche merken überhaupt nicht, wie sehr sie ihre Kieferpartie, ihre Stirn oder die Nackenmuskeln verspannen. Daraus können leicht Kopfschmerzen entstehen, die Ihnen Ihre Bequemlichkeit verderben könnten.

Kleiden Sie sich angemessen und bequem.

Tragen Sie möglichst Kleidungsstücke, in denen Sie sich nicht eingeengt fühlen. Kleiden Sie sich so, daß Sie dem Sitz Ihres Rockes, der Bluse oder des Gürtels nicht viel Aufmerksamkeit zu schenken brauchen. Sachen, die verrutschen oder in denen Sie sich »fremd« fühlen, verursachen ein unnötiges Unbehagen. Es ist deshalb sinnvoll, daß einerseits Ihre Kleidung zu dem Redeanlaß paßt, daß es sich aber andererseits auch um Kleidungsstücke handelt, die von selbst gut sitzen und in denen Sie sich wohlfühlen.

Wir haben in unseren Seminaren häufig beobachtet, daß hochhackige Schuhe bei vielen Frauen einen unsicheren

Gang verursachen. Besonders wenn die Rednerin nach vorne zum Redepult geht, wirkt sie mit hohen Absätzen – wenn auch nur minimal, so doch deutlich sichtbar – schwankend. Falls sie dann noch einen engen Rock trägt, kommt noch ein tippelnder Schritt hinzu. Außerdem führen hochhackige Schuhe häufig zu einer Körperhaltung, bei der die Beine (besonders die Wadenmuskulatur) sowie der Beckenbereich zusätzlich angespannt werden. Aus diesen Gründen empfehlen wir unseren Teilnehmerinnen flache Schuhe, in denen sie sowohl sicher schreiten können, als auch vor dem Publikum entspannt stehen können.

Schalten Sie Störendes aus.
Wenn Sie mit dem Reden vor dem Publikum beginnen, achten Sie wiederum darauf, daß Sie es sich so bequem wie möglich machen. Arrangieren Sie am Rednerpult alle Dinge so optimal wie möglich. Falls nötig, sorgen Sie dafür, daß das Mikrophon in der richtigen Position ist, so daß Sie ohne sich zu bücken oder zu recken gut hineinsprechen können. Wenn es noch irgend etwas gibt, was Sie stört, dann bitten Sie um Abhilfe, bevor Sie anfangen. Falls der Straßenlärm Ihnen zu laut ist, lassen Sie die Fenster schließen und auch die Tür zum Flur kann geschlossen werden.
Dabei kann es sein, daß Ihr Publikum einen Moment wartet, bis Sie sich und die Dinge um sich herum in die richtige Positur gebracht haben. Das ist vollkommen in Ordnung und zeigt, daß Sie eine Rednerin sind, die Ihre Sache ernst nimmt.

Die Signale des Körpers begrüßen

Wenn das Halten einer Rede nicht Ihr normales Alltagsgeschäft ist, sondern nur hin und wieder vorkommt, dann werden Sie diese Situation als etwas Besonderes erleben. Das heißt, Sie werden wahrscheinlich Gefühle und körperliche

Empfindungen bemerken, die Ihnen anzeigen, daß Sie etwas Außergewöhnliches tun. Eine Rede ist etwas anderes als Einkaufen gehen oder Zähneputzen, deshalb ist es auch in Ordnung, wenn Sie sich neugierig und aufgeregt fühlen. Versuchen Sie bitte nicht, diese Gefühle abzuschalten oder wegzuschieben. Kämpfen Sie nicht gegen das an, was Ihr Körper Ihnen als Hilfe zukommen lassen möchte, denn mit dem kribbeligen Gefühl und dem Herzklopfen signalisiert Ihnen ihr Körper, daß er »mitspielt«. Ihr Gehirn, Ihr Herz und Ihr Kreislaufsystem, Ihre Muskeln und Nerven stellen sich auf dieses besondere Vorhaben ein. Nehmen Sie das wahr, was in Ihnen vorgeht und begrüßen Sie diese körperlichen Veränderungen.

Sie werden eben nicht völlig cool und absolut unberührt Ihre Rede halten. Glücklicherweise werden Sie, im wahrsten Sinne des Wortes, mit Leib und Seele dabei sein.

Die Kunst der Rede

Die Botschaften der Körpersprache

Mit unserem Körper drücken wir verschiedene Aspekte unseres Daseins aus. In der Gestik und Mimik, in unserer Körperhaltung, in der Art, wie wir uns bewegen, wird folgendes sichtbar:
- unsere seelische Befindlichkeit spiegelt sich darin wieder
- die unterschiedliche Art und Weise, wie Frauen und Männern sich bewegen, also geschlechtsspezifische Unterschiede
- der gesellschaftlichen Status oder zu welcher Bevölkerungsschicht jemand gehört
- die Kultur, in der wir leben

In unserem Buch soll es besonders um die Aspekte der Körpersprache gehen, die Frauen betreffen – besonders Frauen, die vor anderen Menschen sprechen möchten.

Zunächst ein Beispiel dafür, wie die typisch weibliche Körpersprache im Laufe unserer Kindheit eingeübt wird.

Für kleine Mädchen, im Alter von drei oder fünf Jahren, war es nicht leicht, sich gegenüber den Erwachsenen oder Geschwistern zu behaupten. Viele erleben in dieser Zeit, daß sie manche Wünsche eher erfüllt bekommen, wenn sie so sind, wie Erwachsene sie gerne sehen wollen: ein kleines niedliches, braves Mädchen. Wenn es darum geht, sich durchzusetzen, lernen Mädchen häufig, daß es günstig ist, beim Sprechen den Kopf schräg zu legen, leicht zu lächeln und die Stimme anzuheben.

Diese Körpersprache des »niedlichen Mädchens« hatte damals ihre Wirkung. Wir konnten uns auf diese Weise hin und wieder durchsetzen. Jedenfalls ging es so meistens besser, als wenn wir mit dem Fuß aufstampften und in wütendes »Ich-will-aber«-Geschrei ausbrachen. Die Niedliche-Mädchen-Tour hat funktioniert und das prägt sich ein, wird zur Gewohnheit. Und so kommt es, daß wir heute mit 35 oder 45 Jahren den Kopf schräg legen, plötzlich in eine höhere Tonlage gehen und lächeln, wenn wir ein wichtiges Anliegen durchsetzen wollen. Und meist merken wir nicht (besonders die höhere Tonlage wird kaum bewußt wahrgenommen), wenn sich unsere Körpersprache automatisch verändert – sozusagen gewohnheitsmäßig. Und aus eben diesen Erfahrungen heraus sehen die Gesprächspartner oder die Zuhörenden auch ein kleines Mädchen vor sich stehen, das lächelnd »bitte, bitte« sagt und nicht die erwachsene Frau, die es ernst meint mit sich und dem, was sie sagt.

Es ist in der Tat ein Unterschied, ob sich eine Frau ihrer Körpersprache bewußt ist und sie zielgerichtet eine entsprechende Portion Charme oder Freundlichkeit einsetzt, um ihre Interessen zu verfolgen oder ob sie bei jeder passenden und auch unpassenden Gelegenheit ein »Hab-mich-lieb«-Lächeln im

Gesicht trägt. Wenn der weibliche »Hab-mich-lieb«-Ausdruck eine unbewußte Gewohnheit ist, kommt es leicht vor, daß diese Gewohnheit eine Art »Selbstsabotage« zur Folge hat. So passiert es Frauen immer wieder, daß sie den Ernst und die Bedeutung ihrer Reden durch die kleinmachende und verniedlichende Körpersprache selbst widerlegen.
Dazu ein Beispiel aus einem Seminar:

Eine Teilnehmerin probte eine Rede, mit der sie politische Ausschüsse davon überzeugen wollte, in bestimmten Wohngebieten Geschwindigkeitsbegrenzungen anzubringen. Als sie zum wichtigsten Punkt ihres Redebeitrags kam, sprach sie mit sehr kraftvollen Worten, aber gleichzeitig blickte sie dabei nach unten, während sie mehrmals kurz hintereinander beide Schultern hochzog. Beide Schultern mehrmals hochziehen heißt in unserem Kulturkreis: »Ich weiß nicht« oder: »Ich bin mir nicht sicher«. Zusammen mit dem gesenkten Blick sabotierte ihre »Ich weiß nicht«-Geste mit den Schultern die Aussagekraft ihrer Worte. Sie sprach energische Forderungen aus, während sie mit dem Körper ein Fragezeichen setzte. Der betreffenden Teilnehmerin war das selbst nicht bewußt. Das Schulterzucken war einfach eine Angewohnheit, die sie auch sonst in Gesprächen fast unmerklich zeigte. Erst durch die Videoaufnahmen im Seminar sah sie selbst, wie sehr diese kleinen Gesten die Überzeugungskraft ihrer Rede untergruben.

Es ist schwierig, bestimmte »eingefleischte« Gesten nicht mehr zu machen. Meist wirkt es sehr steif, wenn Menschen versuchen, sich zusammenzureißen und dabei einen Körperteil krampfhaft unter Kontrolle halten wollen. Für die meisten ist es einfacher, anstelle der Gewohnheitsgeste eine neue, passendere Geste zu machen. Die oben beschriebene Frau probierte verschiedene Gesten und Bewegungen beim Reden aus und sah sich das Ergebnis anschließend in der Videoaufnahme an. Sie fand dabei heraus, daß ein Sich-Aufrichten und die Schultern dabei nach hinten nehmen kraftvoller und überzeugender wirkte und auch gut zu ihr selbst paßte. Die neue Proberede fiel dadurch auch sehr viel eindrucksvoller aus. Sie schaute an den entscheidenden Stellen ihrer Rede die Zuhörenden an und schob die Schultern ganz leicht nach hinten, während sie ihren Oberkörper etwas mehr aufrichtete. Jetzt paßte ihre Körpersprache mit dem zusammen, was sie sagte.

Ein kurzer »Haltungs-Check«, das kurze Sich-Bewußtwerden der eigenen Körperhaltung vor der Rede und während der entscheidenden Redestellen, half der Teilnehmerin, sich rechtzeitig an ihre neue Körpersprache zu erinnern.

Bei der Beobachtung von Körpersprache ist auffällig, daß Frauen (im Vergleich zu Männern) eine eher platzsparende Körperhaltung zeigen. Im Sitzen werden die Beine meist übereinandergeschlagen, dadurch hat nur noch ein Fuß den Kontakt zum Boden, die Arme liegen eng am Körper, der Kopf ist eingezogen, häufig sind auch die Schultern künstlich verschmälert, indem sie nach vorne gebeugt oder leicht hochgezogen wurden. Weitausladende Arme, die über die Lehnen gelegt werden, ein in die Welt hinausgestrecktes Kinn und bequem abgestellte Beine – das ist eher eine typisch männliche Sitzhaltung.

Körpersprache wird nicht nur einstudiert und erlernt, sondern drückt auch unsere seelische Verfassung aus. Das Drehen der Haare, das Herumkauen auf der Unterlippe, das sind Gesten der Verlegenheit und der Unsicherheit. Bei vielen Frauen treffen diese verschiedenen Seiten der Körpersprache zusammen: das Gelernte, das Gewohnheitsmäßige und der seelische Ausdruck. Sie haben Gesten und Haltungen gelernt, mit denen sie gewohnheitsmäßig Unsicherheit und Selbstverkleinerung ausdrücken. Und diese angewöhnten Gesten und Haltungen wirken nicht nur auf Gesprächspartner/innen oder die Zuhörenden, sondern diese Körperhaltung wirkt auch auf die Betreffende selbst zurück. Eine selbstverkleinernde Körpersprache kann das innerliche Gefühl von Unsicherheit und Selbstzweifel überhaupt erst auslösen oder verstärken.

Umgekehrt können Sie mit einer aufrechten und präsenten Haltung sich selbst innerlich stärken, wenn Sie sich ängstlich und klein fühlen. Die Selbstsicherheit, die Sie mit Ihrem Körper ausstrahlen, wirkt auch auf Sie zurück. Dazu bieten wir Ihnen hier eine Übung an:

Übung: Die stärkende Körperhaltung

Setzen Sie sich so auf einen Stuhl oder Sessel, daß Sie das Gefühl haben, in einer sehr mutigen Haltung zu sitzen. Wenn für Sie der Begriff Mut eher etwas mit einer kriegerischen Verbissenheit und Verkrampfung zu tun hat, dann nehmen Sie dafür das Wort »Zuversicht« oder »innere Stärke«.

Setzen Sie sich so hin, daß Sie Zuversicht und innere Stärke ausstrahlen. Bleiben Sie in dieser Haltung und nehmen Sie alle unnötigen Anspannungen aus Ihren Muskeln heraus, ohne dabei »schlapp« zu werden. Das heißt: sitzen Sie aufrecht, aber nicht verspannt. Sie können sich in dieser Haltung auch bewegen, zum Beispiel reden oder sich unterhalten. Sie brauchen nicht starr dazusitzen. Wenn Sie mit Ihrem Mut, Ihrer Zuversicht und Ihrer inneren Stärke in Kontakt sind, dann strahlen Sie das auch in Ihren Bewegungen aus. Probieren Sie dasselbe auch im Stehen und Gehen aus. Sie werden auch dort Haltungen und Bewegungen finden, mit denen Sie nach außen Selbstsicherheit ausdrücken können und die auch nach innen Ihr Selbstbewußtsein stärken.

Machen Sie zum Abschluß eine Art »inneres Foto« von Ihrer mutigen, kraftvollen Haltung. Versuchen Sie, sich das Körpergefühl, das Sie damit verbinden, einzuprägen. Sie können sich dann selbst vor und während einer Rede in diese Körperhaltung bringen.

Aufmerksamkeit erzeugen

Wahrscheinlich haben Sie das auch schon einmal erlebt: Sie hören einen Vortrag oder eine Rede und Sie sind sich ziemlich sicher, daß es sich um ein höchst interessantes Thema handelt. Nur leider wird das Ganze so langweilig und uninteressant vorgetragen, daß Sie kaum zuhören können. Der monotone Strom der Worte lullt Sie ein, Ihre Gedanken schweifen ab und auch sonst gibt es im Raum kaum etwas, was Ihre Aufmerksamkeit fesselt. Sie fragen sich, wie lange dieser Vortrag wohl noch dauern wird.

Wenn eine Rede oder ein Vortrag langweilig dargeboten wird, merkt es häufig die Rednerin/der Redner zuletzt. Sie oder er ist viel zu sehr mit dem Reden beschäftigt, um die kleinen Zeichen der Unaufmerksamkeit zu sehen. Da gähnt jemand zum wiederholten Male, da liest ein anderer in seinen Unterlagen, in der letzten Reihe wird getuschelt, viele sind auf ihrem Stuhl etwas herabgesackt und schauen lange und ausführlich an die Decke oder auf den Fußboden. Wenn die Zuhörenden sich langweilen, dann tun sie das in der Regel leise, ja fast unmerklich. Deshalb hier ein paar Hinweise, wie Sie Ihre Redebeiträge interessant und lebendig darbieten können.

Verständlichkeit

Die Aufmerksamkeit des Publikums erlahmt schnell, wenn der Wortbeitrag über weite Strecken unverständlich ist. Das muß nicht nur an einer leisen oder undeutlichen Aussprache liegen, sondern kann auch durch den möglicherweise komplizierten, abstrakten Inhalt der Rede verursacht werden. Vor allem wenn Sie als Fachfrau oder Expertin zu einem Thema sprechen, in dem Sie sich gut auskennen, laufen Sie schnell Gefahr, Fachbegriffe zu verwenden, die manchen Zuhörenden nicht bekannt sind. Wahrscheinlich reden Sie dann ganz selbstverständlich über Dinge, die eben nicht jede/jeder von selbst versteht. Auch dann, wenn Sie vor lauter Fachkolleginnen und -kollegen sprechen, kann es sehr nützlich sein, einzelne Fremdworte oder abstrakte Vorgänge anschaulich zu erläutern. Auch Fachleute untereinander haben nicht einen einheitlichen Wissensstand.

Die Verständlichkeit Ihres Wortbeitrages können Sie mit ein paar generellen »Tricks« verbessern, die ich Ihnen hier vorstelle. Prüfen Sie, ob diese Anregungen in Ihre Rede passen:

Beispiele bringen. Mit Beispielen aus dem Alltag können Sie an das anknüpfen, was die Zuhörenden bereits kennen. So lassen sich auch abstrakte Vorgänge oder Theorien anschaulich vortragen.

Bildhafte Sprache, Analogien, Metaphern verwenden. Manche Vorgänge lassen sich gut durch bildliche Umschreibungen verdeutlichen. Wenn ich beispielsweise davon spreche, daß das »Angstkarussell schneller kreist«, dann ist das ein bildhafter Ausdruck für die Zunahme von Angst. Eine Metapher ist zum Beispiel der Begriff »innere Vorschrift«. Damit wird der seelische Prozeß, bei dem sich Menschen selbst unter Druck setzen, mit einem verständlichen Begriff umschrieben.

Der Einsatz visueller Hilfsmittel.
Vor allem Flip-charts und Overhead-Projektoren (die auch Tageslichtprojektoren genannt werden) lassen sich gut bei Vorträgen einsetzen. Ein Flip-chart ist eine Art Stelltafel mit einem großen Papierblock. Sie können dort mit einem dikken Filzstift Grafiken, Stichworte oder die einzelnen Punkte, zu denen Sie sprechen, sichtbar machen. Dafür ist es wichtig, daß Sie das, was Sie visualisieren, so schreiben oder zeichnen, daß es auch von den weitentfernten Zuhörerplätzen aus gesehen werden kann. Der Einsatz einer Flip-chart ist nur bei einer Anzahl von bis zu ca. 25 Zuhörern angebracht. Wenn Ihnen mehr Leute zuhören, ist es sinnvoller, einen

Overhead- oder Tageslichtprojektor einzusetzen. Hierbei wird eine durchsichtige, beschriftete Folie, die auf einer Lichtplatte liegt, vergrößert und an eine Leinwand projiziert. Dieses Gerät können Sie natürlich auch in einer kleinen Gruppe einsetzen, wie etwa bei einer Mitarbeiterbesprechung, aber Sie können damit auch in großen Auditorien und Sälen arbeiten. Für das Gerät brauchen Sie durchsichtige Folien, die Sie im Schreibwarenhandel bekommen. Dort erhalten Sie auch spezielle (Farb-)Stifte, mit denen sich diese Folien beschriften lassen. Sie können aber auch getippte Texte oder andere Zeichnungen mit Hilfe eines Fotokopierers auf diese Folien kopieren.

Für den Einsatz des Flip-charts wie auch des Overhead- bzw. Tageslichtprojektors gilt, daß auf einer Seite nicht zuviel stehen sollte, da sonst die Informationen zu klein und somit schlecht lesbar wären und ein vollgeschriebenes Flip-chart-Blatt oder eine überladene Folie für die Zuhörenden eher verwirrend als hilfreich ist. Einige Rednerinnen (und auch Redner) machen den Fehler, daß sie sich bei der Erläuterung eines Flip-chart-Blattes oder einer Folie vom Publikum abwenden und zur Leinwand oder zur Flip-chart sprechen. Sie werden dann in der Regel von der Zuhörerschaft nicht oder kaum noch verstanden. Wenn Sie also ein Flip-chart-Blatt oder eine Folie dem Publikum erklären, stellen Sie sich am besten neben das jeweilige Gerät und sprechen Sie zum Publikum hin.

Wenn Sie sich solcher Hilfsmittel bedienen, dann ist es wichtig, daß Sie sich vor Ihrer Rede genügend Zeit nehmen, um zu überprüfen, ob alles funktioniert und ob Sie mit der Bedienung während Ihres Redebeitrages auch zurechtkommen.

Die Gliederung des Redebeitrags bekanntgeben.
Besonders wenn Sie eine längere Rede halten, ist es für die Zuhörenden leichter, Ihnen zu folgen, wenn Sie die Gliederung Ihres Beitrages bekannt geben, zum Beispiel indem Sie die Punkte, zu denen Sie sprechen wollen, zu Beginn kurz nennen. Noch besser ist es, wenn Sie Ihre Gliederung auf

einer Overhead-Projektor-Folie oder einem Flip-chart für alle sichtbar machen. Sie können dann während Ihrer Rede den Punkt markieren, an dem Sie gerade sind. Falls Sie zwischendurch nicht weiterwissen, genügt meist ein Blick auf die Folie oder auf das Flip-chart, um den Anschluß wieder zu finden.

Eine deutliche Aussprache.
Manchmal sind Rednerinnen und Redner unverständlich, weil sie eine undeutliche Aussprache haben. Besonders wenn die Akustik im Raum ungünstig ist, zum Beispiel durch viele Nebengeräusche (wie Straßenlärm) oder wenn kein Teppichboden vorhanden ist und jedes Stuhlrücken laut schallt, dann ist es wichtig, daß Sie besonders langsam und deutlich sprechen. Um mit der Stimme den Raum zu durchdringen, kann es hilfreich sein, daß Sie sich beim Sprechen vorstellen, Sie wollten mit Ihren Worten die gegenüberliegende Wand erreichen. Sprechen Sie dabei betont langsam, sehr viel langsamer als Sie es gewohnt sind und machen Sie nach jedem Satz eine kurze Pause.

Ihre Aussprache wird insgesamt deutlicher, wenn Sie betont langsam sprechen und die Worte nicht zusammenziehen, sondern einzeln und klar voneinander getrennt aussprechen.

In sehr seltenen Fällen ist die Ursache für eine undeutliche Aussprache ein Sprachfehler. In einem solchen Fall ist es ratsam, sich an eine/n Fachfrau/Fachmann für Sprachheilkunde oder Sprecherziehung zu wenden.

Präsentes Auftreten.
Die Kunst, Aufmerksamkeit zu erzeugen, besteht zunächst einfach darin, selbst aufmerksam zu sein. Sie werden dann vom Publikum aufmerksam angesehen, wenn Sie Ihrerseits aufmerksam ins Publikum sehen. Bereits vor Ihrer Rede, wenn Sie an das Rednerpult treten oder auf das Podium kommen, können Sie allein durch eine ruhige, sehr präsente Ausstrahlung Aufmerksamkeit erzeugen.

Viele Rednerinnen und Redner verschenken die ersten Augenblicke vor Beginn ihrer Rede, indem sie viel zu hastig ans Rednerpult treten, mit flüchtigen Bewegungen die Manuskriptseiten ordnen und dann ohne ins Publikum zu sehen, eher nebensächlich, ihre ersten Worte sagen. Dieser Auftakt geht sehr wahrscheinlich in der noch herrschenden allgemeinen Unruhe unter, weil das Publikum sich ebensowenig wie die Rednerin/der Redner innerlich gesammelt hat und aufmerksam für die nun kommende Rede ist.

Den präsenten Auftritt zu Beginn Ihrer Rede können Sie so gestalten:

— Gehen und bewegen Sie sich ruhig und gelassen.
— Nehmen Sie, bevor Sie anfangen zu sprechen, eine aufrechte und unverkrampfte Haltung ein.
— Schauen Sie die Zuhörenden (wenn sie wollen lächelnd) an.

Falls es im Raum unruhig ist, können Sie in dieser aufmerksamen Haltung bleiben und das Publikum ansehen, bis die Anwesenden merken, daß es jetzt losgeht und ruhiger werden.

Sich warm reden.
Neben dem ruhigen und präsenten Beginn Ihrer Rede sind auch Ihre Stimme und Ihr Tonfall wichtige Erzeuger von Aufmerksamkeit. Zuhörende brauchen ein bis zwei Minuten, um sich auf Ihre Stimmlage einzustellen. Sie selbst benötigen als Rednerin auch ein wenig Zeit, um sich daran zu gewöhnen, wie Ihre Stimme in dem Raum klingt und mit welcher Lautstärke Sie am besten reden können. Sie und das Publikum stellen sich zu Beginn Ihrer Rede also aufeinander ein, so wie wir etwa im Radio den Sender genau einstellen, um einen klaren Empfang zu haben. Ihre ersten Sprechminuten brauchen alle Beteiligten für diese Einstellungsarbeit. Geben Sie sich einige Minuten zum Warm-Reden und den Zuhörenden einige Minuten zum Warm-Hören. Die zentrale Aussage oder andere wichtige Dinge, von denen Sie möchten, daß alle sie hören und verstehen, sagen Sie besser nicht

in dieser Einstellungszeit. Fangen Sie Ihren Wortbeitrag mit einer Begrüßung, ein paar netten Worten oder einem Dank für die Einladung an. Falls Sie eine engagierte, provozierende Rede halten wollen, können Sie damit beginnen, wie Sie zu Ihrem Standpunkt gekommen sind oder was Sie veranlaßt hat, jetzt zu reden. Nachdem Sie sich warm geredet haben, sind wahrscheinlich auch sämtliche »Frösche« oder »Klöße« aus Ihrem Hals heraus und Sie kommen nun zu Ihren zentralen Aussagen.

Den eigenen Sprechstil entfalten

Mit dem eigenen Sprechstil kommen zwei Aspekte der Kommunikation zum Ausdruck: die eigene Persönlichkeit – wer ich bin – und die Wirkung des Sprechens nach außen – was ich bei anderen bewirken will.
Vielfach wird in den traditionellen Rhetorik-Kursen lediglich die Wirkung der Rede nach außen trainiert. Der Aspekt, daß Sprechen auch eine Art der Selbstdarstellung und des Ausdrucks des eigenen Soseins ist, wird meist vernachlässigt. Dabei kann die Entfaltung eines individuellen Sprechstils auch ein Beitrag zur Persönlichkeitsentwicklung sein.
Frauen (und auch Männer), die unter Redeangst leiden, mögen meist die Art und Weise, wie sie sprechen, nicht. Viele unserer Seminarteilnehmerinnen fanden zu Beginn des Seminars ihre Stimme, ihre Bewegungen und ihren Gesichtsausdruck beim Sprechen »einfach schauderhaft«. Besonders wenn sie zum ersten Mal eine Videoaufnahme von sich selbst sahen, hatten viele den Eindruck, daß ihr Sprechstil »furchtbar« ist.
Im allgemeinen besteht ein deutlicher Zusammenhang zwischen dem Ausmaß des Lampenfiebers und der Ablehnung der eigenen Sprechweise. Je mehr eine Frau glaubt, die Art und Weise, wie sie spricht, sei falsch und mangelhaft, desto

mehr Angst wird sie vor einer Rede haben. Und die Angst wiederum bewirkt, daß sie schnell, undeutlich oder monoton spricht, was die Betreffende dann wiederum »schauderhaft« findet.

Dieser Kreislauf von Selbstablehnung und Angst wirkt wie ein großer Deckel, durch den der persönliche Sprechstil abgedeckt und unterdrückt wird. Nimmt das Lampenfieber hingegen ab, kann der Deckel gelüftet werden und ein wirkungsvolles, höchst individuelles Redeverhalten kommt zum Vorschein. Bei den Frauen, die zuvor aufgrund ihres Lampenfiebers sehr bewegungslos geredet haben, nimmt häufig die Gestik und Mimik zu. Andere wiederum, die unter Angst zu nervösen und fahrigen Gesten neigten, werden ohne Angst in ihrer Körpersprache ruhiger.

Die meisten sind nach dem Angstabbau auch sehr viel weniger angespannt, sie sehen und hören mehr vom Publikum, achten mehr auf ihre eigenen Gedanken und Gefühle beim Sprechen und können auch angemessener reagieren, wenn während ihrer Rede etwas Unvorhergesehenes passiert. Vor allem aber steigt die Sympathie jeder einzelnen für die Art und Weise, wie sie selbst spricht. Und damit wächst der Mut, mit der eigenen Sprechweise zu experimentieren.

Auch Sie haben Ihren eigenen Sprechstil, der dann zum Vorschein kommt, wenn Sie angstfrei vor oder mit anderen Menschen sprechen können. Achten Sie einmal darauf, wie Sie reden, wenn Sie ohne Angst Ihren Verwandten, Kollegen oder Freunden von einem Erlebnis berichten. In solchen ungezwungenen Redesituationen haben die meisten eine ganz persönliche Art zu sprechen, die bei den Zuhörern ankommt.

Wenn Ihr Lampenfieber geringer geworden ist, wird es Ihnen leichter fallen, auch vor einer Gruppe eine Rede in Ihrem persönlichen Sprechstil zu halten. Und Sie können diesen Stil flexibel einsetzen und zwar je nachdem, welche Ziele Sie mit Ihrer Rede verfolgen und wie die jeweilige Situation beschaffen ist. Wenn Sie beispielsweise ein neues Konzept auf der Mitarbeiterbesprechung in der Firma vorstellen, werden Sie anders auftreten und sprechen, als wenn Sie auf einem Kindergeburtstag den kleinen Gästen ein Spiel erklären möchten. Ihr Sprechstil ist dabei weniger ein starres Verhaltensmuster, sondern viel eher ein Reservoir von Ausdrucksmöglichkeiten.

Falls Sie bis jetzt wenig Gelegenheiten hatten, um Ihren Sprechstil überhaupt kennenzulernen und zu entfalten, dann verschaffen Sie sich selbst mehr Möglichkeiten zum Experimentieren. Zum einen können Sie überlegen, ob Sie in Ihrem Alltag häufiger Gelegenheiten ergreifen können, bei denen Sie einen Wortbeitrag oder eine kleine Rede halten. Vielleicht ergeben sich solche Möglichkeiten am Arbeitsplatz, in einem Fortbildungskurs, bei einer Diskussionsveranstaltung oder einer Feier im Familien- oder Freundeskreis. Auch wenn Sie noch nicht sicher sind, daß Sie wirklich »toll reden« können, versuchen Sie dennoch, sich selbst im Alltag eine »Rede-Chance« zu geben.

Sie können auch zu Hause allein oder in einer kleinen Gruppe ein paar Experimente mit Ihrem Redeverhalten durchführen. Mit Hilfe einer Videokamera können Sie Ihr Redeverhalten genau studieren. Eine Videokamera gibt es bereits in vielen Privathaushalten. Sie können solche Geräte aber auch gegen eine Gebühr (zum Beispiel in Videotheken) ausleihen. Achten Sie bei Ihren Experimenten darauf, daß Sie sich nicht gegenseitig »auseinandernehmen«. Probieren Sie lediglich ein paar andere Arten des Sprechen aus.

Übung: Anders sprechen

Probieren Sie nacheinander ein paar neue Sprechweisen aus.
— *Verändern Sie Ihr Sprechtempo und reden Sie einmal schneller und anschließend sehr viel langsamer als gewöhnlich. Bringen Sie danach das langsamere und das schnellere Sprechtempo in ein und derselben Rede unter.*

Achten Sie darauf, mit welchen Tempo Sie besser zurechtkommen und welche unterschiedliche Wirkung langsam bzw. schnell gesprochene Worte haben.

— *Vielleicht machen Sie beim Sprechen gewohnheitsmäßig bestimmte Gesten. Das sind häufig Bewegungen, die Ihnen erst auffallen, wenn Sie sich selbst in einer Videoaufnahme sehen. Probieren Sie aus, was passiert, wenn Sie absichtlich diese Gesten weglassen und dafür keine oder andere Bewegungen machen.*

— *Stellen Sie Ihren Gesichtsausdruck beim Sprechen in den Mittelpunkt Ihrer Aufmerksamkeit. Reden Sie einmal so, als wenn Sie gerade ein ganz spannendes Märchen erzählen würden und lassen Sie die Dramatik sich in Ihren Gesichtszügen spiegeln.*

— *Lesen Sie ein und denselben Text vor und sprechen Sie dabei jeweils in einer anderen Stimmhöhe. Lassen Sie Ihre Stimme etwas tiefer werden – ohne daß Sie sich dabei allzusehr anstrengen. Probieren Sie auch eine höhere, eine lautere oder leisere Stimme aus.*

Betrachten Sie diese Übung nicht als rhetorischen »Pflichtteil«, sondern eher als Anregung und Lockerungsübung, um Ihre Sprecherfahrungen zu erweitern. Es kann sein, daß Sie dabei eine Variante beim Sprechen entdecken, die Ihnen persönlich gefällt oder/und die nach außen besonders gut wirkt. Vertiefen Sie diese Erfahrung und üben Sie das Neue. Sie werden nach einiger Zeit entdecken, daß bestimmte Sprechweisen Ihnen mehr liegen und besser zu Ihnen passen als andere. Und Sie werden vor allem mit Hilfe der Videoaufnahmen erfahren, mit welcher Sprechweise es Ihnen leichter gelingt, Aufmerksamkeit im Publikum herzustellen und sich verständlich auszudrücken.

Die positive Selbstdarstellung

Wenn Sie als Fachfrau zu einem bestimmten Thema sprechen, dann weisen Sie sich ruhig als solche auch vor dem Publikum aus. Die meisten Menschen sind eher bereit, einer Autorität oder einem Experten Glauben zu schenken, als einem Nicht-Fachmann oder einer Nicht-Fachfrau. Fachleuten, wie Wissenschaftler/innen, Ingenieuren/innen, Politiker/innen usw. wird geglaubt, selbst dann noch, wenn sie über Dinge sprechen, die nicht zu ihrem Fachgebiet gehören. Leider gibt es dabei in der Öffentlichkeit immer noch einen Männerbonus, das heißt wenn als gleichrangige Experten eine Frau und ein Mann sprechen, gilt bei den meisten Menschen – auch bei Frauen – der Mann, als der wichtigere und bedeutendere Experte.

Dieser Männerbonus wird auch noch durch die Tatsache verstärkt, daß viele Frauen sehr viel eher als Männer dazu neigen, »tiefzustapeln« und ihre Kompetenzen zu verschweigen. So beginnen Frauen ihre Redebeiträge häufig mit einer Art Selbstverkleinerung, wie zum Beispiel

– eine Entschuldigung dafür, daß sie das Wort ergreifen: »Verzeihung, aber ich möchte dazu auch etwas sagen«

– eine Schmälerung ihrer Kenntnisse: »Ich kenne mich leider nicht so gut aus auf diesem Gebiet, aber ich möchte trotzdem dazu sagen ...«

– eine Abwertung ihres Redebeitrages: »Es ist ja eigentlich schon alles gesagt worden. Ich möchte nur ...«

Frauen fällt es häufig sehr viel schwerer als Männern, sich selbst positiv darzustellen. Die Angst, als Angeberin oder Hochstaplerin dazustehen, setzt bereits dann ein, wenn es lediglich darum geht, sachlich auf die eigenen Fachkenntnisse und Erfahrungen zu verweisen. Vielen Frauen wäre es sehr viel lieber, wenn andere ganz von selbst ihre Leistungen und Kompetenzen bemerken würden.

Umgekehrt fällt es den meisten Frauen ausgesprochen leicht, sich ausführlichst negativ selbstdarzustellen. Die eigenen Schwächen, Fehler und Mißgeschicke sind ein fast unerschöpflicher Gesprächsstoff.

Wenn wir Frauen in unseren Seminaren darum bitten, über ihre Fehler, Schwächen und Mißerfolge zu berichten, dann kann jede einzelne meist eine Stunde oder länger erzählen. Geht es allerdings umgekehrt darum, daß die einzelne über ihr Können, ihre Erfolge und Begabungen spricht, dann fällt vielen Frauen schon nach zwei Minuten Redezeit nichts mehr ein.

Eine innere Vorschrift mit der Aufschrift »Eigenlob stinkt« hindert sie daran, Gutes über sich selbst zu sagen, sich selbst mit dem eigenen Können darzustellen und über die eigenen Leistungen und Erfolge zu sprechen. Dieser innere Maulkorb führt dazu, daß viele Frauen glauben, sie seien nur dann wirklich ehrlich und offen anderen gegenüber, wenn sie sich selbst mit ihren Schwächen und Fehlern präsentieren. Sprechen sie hingegen über ihre Leistungen und Erfolge, entsteht bei vielen das Gefühl, unehrlich zu sein oder zu lügen.

Diese Form der Selbstverkleinerung hat in der Kommunikation durchaus einen Sinn. Wenn Frauen selbst im Hintergrund bleiben und sich eher mit ihren Schwächen darstellen, dann sorgen sie dafür, daß beim Gesprächspartner möglichst wenig Rivalität oder Neid ihnen gegenüber entstehen kann. Außerdem lassen sie dadurch ihrem Gesprächspartner den Freiraum, sich selbst in den Vordergrund zu stellen und positiv über sich zu sprechen. Indem Frauen nun ihr Gegenüber anerkennen oder gar bewundern, schaffen sie eine (scheinbar) harmonische und konkurrenzlose Beziehung zu ihrem Gesprächspartner. Insofern ist die fehlende positive Selbstdarstellung von Frauen auch eine (wohl eher unbewußte) Kommunikationsstrategie, um Harmonie in Beziehungen sicherzustellen. Der Preis, den Frauen dafür zahlen, ist ihre eigene Unterbewertung – durch sich selbst und durch andere.

Die mangelnde Fähigkeit sich positiv darzustellen, hat gerade im beruflichen oder geschäftlichen Bereich für Frauen erhebliche Nachteile, denn dort gehört das »Klappern« bekanntlich zum Handwerk.

Frauen, die es dort vermeiden, ihre Kompetenzen und Erfahrungen positiv darzustellen, geraten schnell gegenüber ihren Kollegen oder Konkurrenten ins Hintertreffen. So kommt es dazu, daß viele Frauen tüchtig und kompetent die anstehenden Aufgaben bewältigen, aber die Lorbeeren wie Aufstieg, Gehaltserhöhung und öffentliche Anerkennung ernten die anderen – häufig diejenigen, die sich besser selbst darstellen können.

Wenn Sie in einem Wortbeitrag oder einer Rede Ihr Licht nicht unter den Scheffel stellen wollen, dann üben Sie sich zuvor in der positiven Selbstdarstellung. Nehmen Sie zunächst all die Leistungen und Fähigkeiten, die Sie selbst für »normal« halten und die deshalb für Sie auch nicht weiter der Rede wert sind und betrachten Sie sie als etwas Besonderes. Erst wenn Sie selbst finden, daß das, was Sie an Leistungen und Fähigkeiten erbringen, etwas Positives ist, können Sie sich auch positiv damit vor anderen darstellen.

Hier einige Vorschläge, wie Sie sich in der positiven Selbstdarstellung üben können.

Übung: Sich selbst positiv darstellen

Schreiben Sie eine Positiv-Liste: Notieren Sie Ihre Fähigkeiten, Talente, Erfolge und Leistungen. Führen Sie in dieser Liste das auf, worauf Sie stolz sind, was Sie bisher gut geschafft haben und was Sie können. Es geht dabei nicht nur um herausragende Erfolge, sondern vor allem um ihre tägliche Kompetenz, mit der Sie den Alltag bewältigen. Falls Sie sich bei einem bestimmten Redeanlaß (zum Beispiel bei einem Fachvortrag, einem Bewerbungsgespräch) positiv darstellen wollen, dann können Sie sich mit einer solchen Liste auf den geforderten Bereich speziell vorbereiten.

Schreiben Sie ein positives Tagebuch: Besonders dann, wenn Sie glauben, es gäbe kaum positive Leistungen und Erfolge in Ihrem Alltag, kann es nützlich sein, daß Sie Ihr tägliches Tun über einen längeren Zeitraum neu betrachten. Schreiben Sie am Ende eines jeden Tages genau auf, was Sie geschafft haben und was Sie gut gemacht haben. Achten Sie besonders darauf, daß Sie die »Kleinigkeiten« und »Selbstverständlichkeiten« dabei nicht unter den Tisch fallen lassen. Schreiben Sie ausschließlich positive Leistungen und Fähigkeiten auf, lassen Sie die Einschränkungen, Abwertungen und Kritiken unberücksichtigt.

Sprechen Sie positiv über sich selbst: Fangen Sie an, mit anderen Menschen über Ihr Können und Ihre Erfolge zu sprechen. Besonders, wenn Sie dazu neigen, sich mit Ihren Schwächen und Mängeln darzustellen, ist es wichtig, daß Sie auch Worte für Ihre positiven Seiten finden. Am Anfang kann es nützlich sein, Ihre positive Selbstdarstellung in Gesprächen zu üben. Nutzen Sie dort die Gelegenheit, um hin und wieder etwas Gutes von sich selbst zu berichten.

Der Mut zur eigenen Meinung

Viele Frauen scheuen sich, ihre Überzeugung in einer Rede auch auszudrücken. Manche haben das Gefühl, damit zu schroff und zu hart aufzutreten.
Eine Teilnehmerin unserer Seminare hatte während einer Übungsrede eine sehr einleuchtende Argumentation für eine bessere Frauenförderung in Betrieben und Behörden entwickelt. Am Schluß ihrer Rede hat sie aber, statt mit einer Forderung und einer flammenden Bekräftigung ihre Meinung zu bekräftigen, lediglich den Satz angehängt: »Wäre es nicht schön, wenn Frauen in diesem Land den gleichen Einfluß wie Männer hätten?« Dieser fragende Satz war im Ver-

gleich zu der, zündenden Argumentation, die die Teilnehmerin so brillant entwickelt hatte, ein lascher Redeabschluß.

Als diese Frau ihre Rede auf Video sah, fand sie selbst, daß ihr letzter Satz im Vergleich zur übrigen Rede seltsam schwach und kümmerlich wirkte. Ihre Rede war sehr scharf und kritisch gewesen, aber sie wollte am Schluß noch etwas freundlicher wirken, um beim Publikum nicht den Eindruck zu hinterlassen, sie sei eine »verbissene Kämpferin«.

Vielen Frauen fällt es schwer, ihre volle Stärke und Ausdruckskraft vor einem Publikum zu entwickeln. Wenn sie engagiert und entschlossen ihre Sache vortragen, kommen ihnen häufig ihre inneren Vorschriften in die Quere wie »Du mußt umgänglich und diplomatisch sein und nicht mit dem Kopf durch die Wand wollen!« So kommt dann diese »Wäre-es-nicht-schön?«-Abschwächung an den Schluß einer engagierten Rede.

Sprachforscherinnen wie *Senta Trömel-Plötz*[17] und andere haben darauf hingewiesen, daß Frauen (im Unterschied zu Männern) eher zu einer vorsichtigen Sprechweise neigen.

Dazu gehört
— die Verwendung von einschränkenden Wendungen wie »vielleicht«, »möglicherweise«, »ungefähr«, »ein bißchen«, »vermutlich«, »irgendwie«;
— die Verwandlung eines Aussagesatzes in eine Frage durch ein angehängtes »nicht wahr?« oder »oder nicht?«;
— der häufige Satzanfang mit ich-betonten Formulierungen wie »Meiner Meinung nach...« oder »Ich denke...«, »Ich glaube...«.

Männer hingegen vertreten sehr viel häufiger einen direkten »So-ist-die-Welt«-Standpunkt und zwar auch dann, wenn sie sich innerlich gar nicht so sicher sind, wie sie sich nach außen hin darstellen.

Normalerweise drücken Männer in Reden, Gesprächen und Diskussionen ihre Ansichten weniger vorsichtig und abwägend als Frauen aus. Dieser männliche Redestandard wird in der Öffentlichkeit – und zwar bei Männern wie Frauen – mit

Selbstsicherheit, Klarheit und Führungskompetenz gleichgesetzt. Nach diesen Normen erzeugen Frauen, die sich vage und mit einschränkenden Redewendungen ausdrücken, den Eindruck von Unsicherheit und Unkenntnis.

Wenn Frauen sich allerdings von einem solchen »weiblichen« Redestil abwenden und anfangen, in der eher männlichen »Daran-gibt-es-nichts-zu-rütteln«-Manier zu sprechen, dann kann es ihnen leicht passieren, daß sie von anderen als unweiblich, hart und aggressiv abgeurteilt werden. So ist die scheinbare »Meinungslosigkeit« von Frauen auch ein Kennzeichen für das Dilemma, in dem sie stecken. Das öffentliche Reden wird sehr leicht zu einer Art Gratwanderung zwischen dem charmanten, weiblichen, aber deshalb auch eher unwirksamen Auftreten und dem »So-ist-die-Welt«-Reden, das bei Frauen leicht mit »unweiblicher« Härte und Verbissenheit in Verbindung gebracht wird. Und viele Frauen wollen mit ihrem Reden zwar ihre Meinung kundtun, aber eben nicht andere vor den Kopf stoßen oder verärgern. So entsteht leicht ein Gemisch aus Meinungsbekundung auf der einen Seite und ein Sich-selbst-Verharmlosen und -Verniedlichen auf der anderen Seite, um eine positive Beziehung zu erhalten.

Möglicherweise neigen Sie dazu (wie viele andere Frauen auch), sich automatisch und unbewußt beim Reden abzuschwächen.

Um das zu verhindern, brauchen Sie nicht unbedingt zum »männlichen« Sprachstil zu greifen. Es ist häufig schon sehr hilfreich, sich vor der Rede zu vergegenwärtigen, wovon Sie selbst überzeugt sind. Ansonsten besteht die Gefahr, daß Ihnen das »Nicht-hinter-der-Sache-Stehen« während des Redens aus dem Knopfloch springt. Mit anderen Worten: Unterschwellig werden Sie den Zuhörenden signalisieren, daß das, was Sie sagen, nicht wirklich das ist, woran Sie glauben. Und so entsteht im Publikum leicht der Eindruck, daß Sie sich zwar Mühe geben, Sie aber nicht ganz glaubwürdig sind.

Umgekehrt können Sie, wenn Sie selbst hinter dem stehen, was Sie sagen, diese besondere Art der Ausstrahlung entwickeln, die sich nur sehr schwer antrainieren läßt. Ihre Körpersprache, Stimme und die Art Ihres Auftretens sind dann passend und stimmig. Überzeugend über das zu sprechen, was Sie selbst für sich als gut und richtig erkannt haben, kostet vergleichsweise wenig Energie. Um dem Publikum eine Meinung »zu verkaufen«, für die Sie selbst nicht einstehen, ist ein enormer Kraftaufwand und viel Schauspielkunst nötig.

Achten Sie am Ende Ihrer Rede darauf, daß Sie sich selbst nicht klein machen und Ihre Aussagen abmildern, indem Sie sich beispielsweise entschuldigen oder plötzlich alles in Frage stellen, was Sie gerade gesagt haben. Manchmal ist es nützlich, am Schluß der Rede die Kernaussagen in kurzen, knappen Sätzen zusammenzufassen oder mit einem Wunsch für die Zukunft oder einer Bitte aufzuhören.

Gleichgültig welchen Schluß Sie auch wählen, lassen Sie bitte Ihren Vortrag nicht einfach »ausläppern«, indem Sie noch während Sie die letzten Worte sagen, bereits aufstehen, Ihr Manuskript einsammeln und mit einem »Na ja, das war's« blitzschnell verschwinden. Versuchen Sie, sich einen präsenten Abgang zu verschaffen: Bringen Sie sich bei Ihren letzten Worten nochmals in eine aufrechte, aber nicht angespannte Körperhaltung. Schauen Sie das Publikum an, nachdem Sie Ihre Rede beendet haben und bleiben Sie noch eine ganz kurze Zeit sitzen oder stehen. Erst dann gehen Sie langsam zu Ihrem Platz zurück.

Schlußbemerkungen

Wir hoffen, daß es uns mit unserem Buch gelungen ist, Ihnen die Angst vor dem Reden in der Öffentlichkeit zu nehmen. Wir wünschen uns, daß Sie die Übungen, Experimente, Techniken uns Tips ausprobieren und damit eigene Erfahrungen machen. Finden Sie heraus, was davon in den Redesituationen, mit denen Sie es zu tun haben, funktioniert.

Vielleicht machen Sie die Erfahrung, die viele unserer Seminarteilnehmerinnen machten, daß Sie eine einmalige und persönliche Art zu sprechen haben und daß diese Art in Ordnung ist. Und diese einmalige, persönliche Sprechweise kommt zum Vorschein, wenn Sie die Zwangsjacke der inneren Vorschriften ablegen. Sie haben dann Ihre eigene, unverwechselbare Rhetorik, die Sie für sich ausbauen und weiterentwickeln können. Und dabei wünschen wir Ihnen viel Spaß!

Anmerkungen

1 vgl. Wagner, A.C. u.a. 1984; Wagner, A.C./
  Berckhan, B. u.a. 1987
2 vgl. Krause, C./Röder, U. 1990
3 vgl. Kriebel, R. 1984, S. 12
4 Wagner, A.C. 1984
5 ebd.
6 Trömel-Plötz, S. 1982
7 Ebeling, P. 1988, S. 35
8 ebd., S. 35
9 Rogers, C. 1990, S. 44
10 Ebeling, P. 1988, S. 75
11 Sarnoff, D. 1990, S. 174
12 ebd., S. 84
13 ebd., S. 85
14 Wagner, A.C. 1987
15 Wild-Missong, A. 1983
16 Siems, M. 1986
17 Trömel-Plötz, S. 1984

Literatur

Ebeling, Peter: Reden ohne Lampenfieber. Übungen zur Redekunst. Landsberg a. Lech: Verlag Moderne Industrie, 9. Auflage 1988

Gendlin, Eugene: Focusing. Technik der Selbsthilfe bei der Lösung persönlicher Probleme. Salzburg: Otto Müller Verlag 1981

Krause, Carola und Röder, Ulrike: Imperativzentriertes Focusing als Methode in der Beratung. Arbeitsberichte zur Pädagogischen Psychologie. Universität Hamburg 1990

Kriebel, Reinholde: Sprechangst. Analyse und Behandlung einer verbalen Kommunikationsstörung. Stuttgart: Kohlhammer Verlag 1984

Rogers, Natalie H.: Frei reden ohne Angst und Lampenfieber. München: Universitas Verlag 1985

Sarnoff, Dorothy: Auftreten ohne Lampenfieber. Reden, Interviews, Fernsehauftritte, Konferenzen, Präsentationen. Frankfurt/New York: Campus Verlag, 2. Auflage 1992

Trömel-Plötz, Senta. (Hg.): Gewalt durch Sprache. Die Vergewaltigung von Frauen in Gesprächen. Frankfurt/M.: S. Fischer Verlag, 11. Auflage 1992

Wagner, Angelika C. u.a.: Bewußtseinskonflikte im Schulalltag. Denk-Knoten bei Lehrern und Schülern erkennen und lösen. Weinheim: Beltz Verlag 1984

Wagner, Angelika C.; Berckhan, Barbara. u.a.: Abbau von Redeängsten bei Frauen. Eine empirische Untersuchung. Projektabschlußbericht. Unveröffentlichtes Manuskript. Universität Hamburg 1987

Jerry Richardson
Erfolgreich kommunizieren
Eine praktische Einführung in die
Arbeitsweise von NLP

Aus dem Amerikanischen von
Michael von Block
157 Seiten. Kartoniert

Seit seiner Entwicklung in den frühen 70er Jahren hat sich NLP (Neurolinguistisches Programmieren) sprunghaft verbreitet. Es wird mittlerweile überall dort eingesetzt, wo klare Kommunikation entscheidend ist – beispielsweise in Pädagogik, Ausbildung, Management, Sport, Politik und Verkauf. NLP kann für jeden eine beträchtliche Erweiterung seiner kommunikativen Fähigkeiten bedeuten.

Dieses Buch ist eine praktische Einführung in die Arbeitsweise von NLP. Es bietet ein Modell für effektive Kommunikation, wobei die zentrale Frage lautet: Wie kann ich erfolgreicher mit Personen aus meiner Umgebung kommunizieren? Neben verschiedenen Techniken und Strategien lernt man auch die eigenen (unbewußten) Kommunikationsmuster kennen – eine wichtige Voraussetzung für erfolgreiches Kommunizieren mit anderen.